IDEAS Y TRUCOS

DE LIMPIEZA

IDEAS Y TRUCOS

1. Para el hogar
2. Para comportarse socialmente
3. Para hablar en público
4. De belleza
5. Para preparar cócteles
6. Para elegir el nombre del bebé
7. Para educar hijos felices
8. Para la cocina
9. Para negociar
10. Para conocer datos útiles
11. Para mejorar su vida sexual
12. Para balcones, terrazas y jardines
13. Para el cuidado de animales de compañía
14. Para la futura mamá
15. Para estudiar y superar exámenes
16. Para escribir correctamente
17. Para estar siempre joven
18. Para aprender a dibujar
19. Para primeros auxilios
20. Para diseñar, cortar y coser
21. Para divertir a los niños
22. Para conocer los vinos
23. Para tener carisma y magnetismo personal
24. Para vivir al aire libre
25. Para viajar
26. Para la secretaria moderna
27. Para adelgazar
28. Para conocerse a sí mismo
29. Para mejorar el vocabulario
30. De supervivencia
31. Para organizar fiestas
32. Para encontrar empleo
33. Para decorar su casa
34. Para hacer mejores fotografías
35. Para comunicarse con su pareja
36. Para ayudar a sus hijos en edad escolar
37. Para planear una boda
38. Para cuidar a su bebé
39. Para cuidar su perro
40. Para tratar a los adolescentes
41. Para trabajar en casa
42. Para potenciar su mente
43. Para primeros auxilios infantiles
44. Para la seducción
45. Para divertirse con sus amigos
46. De limpieza

Rose Johnson

TIDEAS Y
TRUCOS
— DE —
LIMPIEZA

Victor

Si usted desea que le mantengamos informado de nuestras publicaciones, sólo tiene que remitirnos su nombre y dirección, indicando qué temas le interesan, y gustosamente complaceremos su petición.

Ediciones RobinBook
Información Bibliográfica
Aptdo. 94.085 - 08080 Barcelona
E-mail: robinbook@abadia.com

Visite nuestra
WEB

www.robinbook.com

© 1999, Ediciones RobinBook, S.L.
 Aptdo. 94.085 - 08080 Barcelona.
Diseño cubierta: Regina Richling.
Fotografía: Regina Richling.
ISBN: 84-7927-371-2.
Depósito legal: B-9.253-1999.
Impreso por Hurope. Lima, 3 bis.
08030 Barcelona.

Impreso en España - *Printed in Spain*

INTRODUCCIÓN

Muy escondidas en nuestra memoria quedan las antiguas formas utilizadas por nuestros antepasados para lavar, blanquear e higienizar la ropa. Es más, incluso cabría decir que, para una mayoría, estos recuerdos forman parte de un pretérito tan remoto, que ni cabida tienen en nuestra cabeza. Aun así, no está de más abrir las puertas de ese pasado y rememorar que ya en plena Edad Media se empleaban las cenizas de las lares para eliminar la suciedad, los restos de grasa y los olores desagradables de las prendas. Tras ser mezcladas con la ropa, las piezas eran trasladadas hasta los ríos o, en el mejor de los casos, hacia los lavaderos comunitarios del pueblo para proceder a su enjuague. Apoyada sobre grandes picas de piedra o de mármol o encima de las piedras que dibujaban la orilla de los ríos, la ropa era extendida. Así dispuesta, se echaba agua sobre ella y con la ayuda de mazas y palos era sacudida para que el agua, al ser escurrida, arrastrara consigo la ceniza y ésta, a su vez, la suciedad. A continuación se sumergía bien en el lecho del río, bien en el fondo de la pila, se removía para asegurar su completo aclarado y entre dos o más personas se escurría estrujándola tanto como la fuerza humana permitiera. Por último, las prendas eran extendidas y expuestas al sol. Ahora bien, no eran tendidas en cualquier parte, sino encima de los arbustos adyacentes, los cuales por efecto del calor del sol desprendían oxígeno, que, a su vez, era el elemento blanqueador de la ropa lavada, el punto final necesario para obtener una colada reluciente, olorosa y aireada.

Evidentemente, en pleno siglo XXI el lavado y mantenimiento de nuestro hogar y de nuestra ropa dista de ser algo tan laborioso como antaño. Multitud de productos y de herramientas contribuyen a hacer agradable y fácil una tarea indispensable, pero para la que cada día disponemos de menos tiempo. He aquí, pues, una serie de consejos y trucos, o incluso diría más, he aquí un sistema probado y práctico para realizar sin incomodidades las tareas de limpieza de nuestras lares. Dése usted la oportunidad de aprender con este libro a disfrutar del mantenimiento de su casa, de aprender a disfrutar del orden y de una limpieza escrupulosa. Seguro que una vez conseguido su empeño, su nivel de vida mejorará en mucho.

1. TRUCOS BÁSICOS PARA
UNA LIMPIEZA RÁPIDA Y PROVECHOSA

Ahorrar movimientos innecesarios

Ésta es posiblemente una de las reglas primordiales que hay que tener en cuenta a la hora de llevar a cabo los trabajos domésticos, pues con el ahorro de tiempo invertido nos será más fácil encontrar momentos para el ocio y las actividades personales. Básicamente se trata de trazar una estrategia que permita ordenar los trabajos que serán llevados a cabo en una u otra habitación de la casa con el objeto de evitar entrar y salir de ella repetidamente. Asimismo, hay que procurar iniciar la tarea una vez estemos seguros de tener a nuestro alcance todas las herramientas y productos necesarios para realizar una limpieza completa. Así, al programar previamente todos nuestros movimientos conseguiremos convertir una labor supuestamente aburrida en un acto satisfactorio por la rapidez con que seremos capaces de llevarla a cabo.

La única tarea que justifica regresar a la habitación una vez limpiada es el fregado del suelo.

Utilizar los utensilios necesarios

Debe evitarse la acumulación innecesaria y engorrosa de artefactos inservibles e inútiles. Más adelante se especificarán los utensilios y materiales básicos para una buena limpieza, entre los que hay que destacar un delantal o bata provista de varios bolsillos en los que poder guardar y tener a mano dichos objetos.

Trabajar en dirección descendente

Es decir, desde la parte más alta de la habitación hasta el suelo, para evitar los efectos que la ley de la gravedad pueda acarrear a la hora de quitar el polvo.

No limpiar sobre limpio

Las superficies verticales raramente suelen acumular tanto polvo o suciedad como las horizontales, y las áreas más elevadas suelen estar también más limpias que las inferiores, por lo cual hay que entender que no todas las partes de una habitación requieren el mismo celo o atención.

No enjuagar o secar una superficie antes de lavarla

Hay que tener presente que estas dos facetas del lavado corresponden al momento final del proceso, por lo que deben evitarse en superficies u objetos sucios, pues, de lo contrario, se procederá a complicar aún más la labor.

Una vez esté todo limpio, hay que evitar repetir el trabajo

Cuando se haya terminado de fregar el suelo sólo hay que esperar a que se seque y la labor estará ya finalizada.

Utilizar en cada trabajo la herramienta y el producto idóneos

Puede darse el caso, por ejemplo, de estar limpiando el interior del horno con un paño de algodón y un detergente demasiado suaves. En este supuesto, se debe proceder rápidamente a la utilización de cualquier otra herramienta, como, por ejemplo, un raspador, una hoja de afeitar o un cepillo de dientes, o detergente, para solventar el problema con la mayor celeridad posible. Poco a poco será usted capaz de determinar qué objetos y productos son necesarios para cada una de las tareas y conseguirá paliar, así, la consiguiente pérdida de tiempo que conlleva un cambio a mitad del trabajo.

Mantener los utensilios en perfecto estado de conservación

Es importante tener guardados todos los productos de limpieza de forma coherente y siempre en un mismo lugar para facilitar su utilización. Si dispone usted de espacio, recurra a un armario específico, de no ser así, observe la posibilidad de distribuirlos en estantes que ayuden a mantenerlos ordenados. Otra forma sería la de separar los enseres para la cocina, el baño y el polvo en bandejas separadas. Al observar estas reglas evitará trabajar con utensilios oxidados, estropeados, caducados, esto es, inservibles.

La repetición de las actividades conlleva una labor más efectiva

Es importante establecer una rutina a la hora de realizar las labores del hogar, referida tanto al ritmo de trabajo como a la utilización de productos y herramientas de probada efectividad.

Esté atento a la labor

Aunque pueda parecer un consejo superfluo, es esencial prestar la máxima atención a lo que se esté haciendo porque de este modo se tiene la seguridad de hacerlo al máximo de las habilidades personales. Es importante también descubrir en ello el lado divertido e inteligente, pues dicha actitud le hará ganar tiempo.

Deje constancia de su dedicación

El trabajo bien hecho le llenará de satisfacción y será un estímulo para llevar a cabo de nuevo las tareas con ganas e ilusión.

Utilice ambas manos a la vez

De lo contrario la efectividad de su trabajo se reduce considerablemente. Moje la superficie a tratar con una y séquela con un paño con la otra; sujete el estropajo en una y el detergente en la otra; sostenga el objeto en una y quítele el polvo con la otra. Evidentemente, los ejemplos son infinitos.

Trabaje en equipo siempre que sea posible

Compartir las labores supone un evidente ahorro de tiempo, por lo que debe aprender a delegar y a hacer participar a los suyos del mantenimiento del hogar. No tenga miedo de iniciar a su marido y a sus hijos en una tarea que puede realizarse como algo divertido y pasajero si se reparte.

2. UTENSILIOS Y MATERIALES

INDISPENSABLES

Los productos de limpieza

Evidentemente, el mercado ofrece una extensa y surtida gama de productos de limpieza que debemos ser capaces de diferenciar para centrarnos así en aquellos absolutamente indispensables. Poco a poco, nuestra propia experiencia nos llevará a una selección personalizada e iremos descartando de forma natural todo lo que no nos sea útil. Asimismo, la eficacia y el precio de éstos serán factores determinantes para su elección. Con todo, vamos a incluir aquí un listado de los productos que consideramos básicos y que animamos a que sean probados al menos una vez.

Amoníaco. Es uno de los productos limpiadores esenciales, disuelve de manera eficaz la grasa y neutraliza algunos ácidos, así como la lejía. Si bien es algo menos delicado de manipular que otros disolventes, es recomendable utilizarlo rebajado en agua y en lugares aireados. Está especialmente recomendado para avivar el color de los tapices, alfombras y moquetas, para desengrasar los cuellos de las prendas de vestir, borrar las huellas de los dedos en paredes y para limpiar los peines y los cepillos para el pelo.

Alcohol de 90°. No debe utilizarse nunca para limpiar tejidos sintéticos ya que deteriora y rompe las fibras, pero es de gran eficacia para quitar las manchas de bolígrafo, de pintalabios o de hierba en prendas de algodón y de lana.

Alcohol de quemar. Se trata de un producto polivalente apropiado para todas aquellas superficies a las que se desea sacar brillo (cristal, vidrio, mosaico, cromados). El alcohol de quemar debe mantenerse siempre lejos de cualquier fuente de calor o de una llama.

Tricloretileno. De gran toxicidad por los vapores que emana, debe utilizarse siempre en lugares bien ventilados. Es un excelente disolvente de manchas de grasa, de pinturas al óleo, de cera, etc. El riesgo de que deje un redondel al aplicarlo sobre un tejido se reduce cuando se le mezcla a partes iguales con gasolina, también muy efectiva para suprimir grasa, aunque terriblemente inflamable.

Lejía de hipoclorito. Blanquea, quita las manchas, desodoriza y limpia todos los tejidos salvo los de origen animal (lana y seda). Es también muy eficaz para suelos y sanitarios. Se suele utilizar diluida en agua en distintas proporciones, según el resultado que se desee alcanzar.

Vinagre blanco. El vinagre suele ser utilizado para quitar algunas manchas de origen orgánico, tales como la sangre, la orina, los excrementos, etc. A su vez es un perfecto aliado para combatir los restos de cal depositados en los sanitarios, la cristalería y la ropa en el proceso de lavado. Es muy eficaz también para recuperar el brillo de los azulejos y retirar la resistente capa que se deposita en las paredes de la ducha, mezcla de la espuma de jabón y de los minerales.

Acabado para suelos acrílicos. Quizá sería más fácil llamarlo «cera acrílica», pero en realidad no se trata de una cera. Por ello, no debe utilizarse en suelos de madera, donde sí se usaría la cera acrílica. Este producto es ideal para suelos resistentes como los de vinilo. Se aplica extendiéndolo directamente en el suelo y repartiéndolo con una mopa húmeda, intentando obtener una capa muy fina. De lo contrario, el material podría amarillear y levantarse las hojas de vinilo.

Lejía. Úsela principalmente en el cuarto de baño para eliminar el moho. En el mercado puede adquirirse lejía perfumada, mucho más agradable para el olfato que la lejía común. Es muy importante guardar este líquido en una botella opaca, porque de lo contrario ennegrece en contacto con la luz. A su vez, la lejía debe tratarse como si de un compuesto radioactivo se tratara, pues destruye el color de prácticamente cualquier objeto o superficie y llega a comerse los potes de acero inoxidable si se mantienen largo tiempo en contacto. La lejía debe ser utilizada directamente o diluida en agua en función de la resistencia de la superficie que vayamos a tratar. En los hospitales se utiliza siempre diluida como un potente agente desinfectante. Debe evitarse siempre respirar sus emanaciones, por lo que es recomendable esperar unos minutos después de su aplicación, cerrar la puerta de la habitación que se esté tratando y abrir la ventana de par en par. Posteriormente, una vez haya actuado, la lejía debe ser generosamente aclarada con agua para evitar que reaccione con cualquier otro producto químico que podamos aplicar a continuación. NUNCA DEBE MEZCLARSE con amoníaco u otro agente limpiador, ni tan siquiera combinarlos.

Líquido limpiacristales. Suele presentarse en botellas con aplicadores de aerosol. Se trata de un líquido suave, poco agresivo, indicado para limpiar los cristales y su color suele ser azul.

Líquido para lustrar y alimentar muebles. Se trata de un producto que mezcla la cera de carnauba o también llamada de Brasil, en suspensión con agentes restauradores y una base disolvente. Su aplicación embellece inmediatamente los muebles de madera como si acabaran de ser barnizados. Sirve para quitar el polvo, la suciedad, las manchas de aceite, los vapores derivados de cocinar y deja las superficies tratadas absolutamente brillantes y lustrosas.

Cera para suelos. Es el producto esencial para el mantenimiento de suelos de madera. Es primordial aplicar una capa extremadamente fina y repartirla con una mopa o, si se prefiere, con una gamuza.

Líquido para suelos. Se recomienda una solución de amoníaco, barata y eficaz, para cualquier superficie, a excepción de la madera.

Agente limpiador en polvo. Una de las marcas más conocidas, con la que cualquier persona es capaz de identificar el producto, es Ajax.

Líquido desengrasante. Como su nombre indica, sirve para eliminar la grasa. Suele tener un cierto poder desincrustante.

LOS UTENSILIOS DE LIMPIEZA

La elección del material depende evidentemente de las características propias de cada habitación, por lo que es esencial llevar a cabo una valoración correcta de las necesidades, sobre todo cuando de lo que se trata es de mantener en perfectas condiciones de salubridad superficies relativamente reducidas, como las que suelen corresponder a las casas actuales. Hay que evitar ceder a la tentación del «sobreequipamiento» que puede conllevar dispendios desproporcionados y acarrear problemas de almacenamiento.

Así, para un espacio de dimensiones inferiores a 25 m^2 es totalmente desaconsejable adquirir un aspirador semiindustrial. En dicho caso hay que optar por un aspirador doméstico que lleve incluidos los accesorios clásicos, y, como máximo, un cepillo eléctrico. Las facilidades de manejo y de almacenaje son indiscutiblemente superiores.

Asimismo, para mantener pequeñas superficies de parquet en óptimas condiciones es preferible optar por la vitrificación del suelo que limita su mantenimiento durante mucho tiempo a un simple repaso con una mopa o con una escoba de tiras de algodón.

Una vez más, en caso de vivir en un espacio cuyos suelos estén enmoquetados en su totalidad, ni tan siquiera es necesario adquirir una escoba o un mocho para la cocina y el baño, pues resulta más simple realizar la limpieza a mano y olvidarse, así, del tema del almacenamiento.

Por último, no hay que olvidar que hoy en día el material industrial de grandes dimensiones puede ser alquilado fácilmente en droguerías, grandes almacenes y casas especializadas en este tipo de maquinaria.

NO LO OLVIDE

♦ Son más prácticos los cubos rectangulares que los redondos: es más fácil sumergir en ellos cualquier tipo de cabezal, bien sea el del mocho, el del cepillo, etc.

♦ A excepción del cepillo para la ropa, que debe ser guardado cerca de los armarios donde se almacena la indumentaria o en el vestidor, procure agrupar en un mismo lugar la máxima cantidad de productos y utensilios.

♦ Hay que tener en cuenta la potencia del material eléctrico que se desea comprar, pues ésta puede llegar a condicionar su eficacia. Por lo que al aspirador se refiere, opte por adquirir un modelo que esté dotado con un regulador de potencia que permita, a su vez, adaptar la fuerza de succión al trabajo que deba ser efectuado.

♦ No pretenda ahorrar a la hora de comprar una escalera, pues siempre se suele lamentar haberla escogido demasiado baja y pequeña. Cuando así ha sido, se tiende incluso a cometer imprudencias para compensar sus limitaciones. Además, encontrar un lugar donde guardarla siempre resulta difícil, por lo que sus dimensiones no deben condicionarnos en exceso.

Tras esta breve introducción, vamos a enumerar una serie de instrumentos no sólo imprescindibles para llevar a cabo las tareas del hogar, sino prácticos y ágiles en su uso.

Un delantal. Un buen delantal, provisto de unos cuantos bolsillos, facilita la tarea de limpieza, pues nos permite tener ordenados y, sobre todo, «a mano» cada uno de los utensilios y productos necesarios. Es una manera inteligente y tradicional de almacenar las herramientas que evita viajes innecesarios de un lugar a otro de la casa y que, por consiguiente, contribuye a ahorrar tiempo.

Trapos limpios de algodón. Ante todo, hay que recalcar la importancia de su composición y el hecho de que sean blancos. Nunca se deben utilizar paños de poliéster. Los trapos de algodón son mucho más prácticos que las esponjas por distintas razones: su resistencia nos permite restregar las superficies sin preocuparnos por su deterioro y su tacto delicado nos evita el temor a dañarlas, son mucho más sencillos de aclarar, absorben cualquier tipo de líquido con mayor rapidez, duran mucho más tiempo y resisten al lavado con agua caliente, detergente fuerte y lejía. Es aconsejable utilizar como paños aquellas servilletas usadas que empiezan a verse un poco viejas, siempre y cuando mantengan un aspecto agradable y pulcro. Sus dimensiones son idóneas para un fácil manejo. A medida que los trapos vayan envejeciendo y ennegreciendo, utilícelos para limpiar el horno y opte, posteriormente, por desecharlos y sustituirlos por otros más nuevos.

Los antiguos pañales de algodón y retales de sábanas pueden también ser utilizados a modo de trapos, siempre que su composición siga siendo 100 % algodón. Asimismo, los papeles de cocina, ricos en celulosa, representan una tercera alternativa.

Cesto. Permite llevar los materiales y herramientas bien ordenados de un lado a otro de la casa. Es aconsejable que esté provisto de compartimentos separados que dispongan con claridad todos los objetos necesarios.

Cubo doble. Es ideal para limpiar los cristales. En una mitad se introducen los materiales y en la otra la solución limpiadora. Asimismo, es una herramienta de gran utilidad para el fregado de suelos, pues en un lado se incluye el agua jabonosa y en el otro el agua para el aclarado.

Cordón eléctrico con su carrete. Se utiliza en el momento de aspirar. Seguramente en más de una ocasión se ha encontrado en el trance de estar aspirando una habitación de la casa y notar repentinamente que el cordón no alcanza hasta el final. Para evitar la incomodidad de volver hacia atrás, desenchufar la máquina y buscar otro lugar donde conectarla conviene tener a mano estos metros de más de cordón eléctrico y desenrollar únicamente la cantidad necesaria en cada momento preciso. Es recomendable recurrir al cable redondo porque suele enredarse menos que el plano.

Escobón para el suelo. Cuando la mopa o el mocho son insuficientes, hay que recurrir al uso de un escobón de cerdas resistentes y gruesas para desincrustar los restos pegajosos. Esta herramienta permite restregar con fuerza cualquier superficie, sin temor a que se rompa. En caso de que prefiera ahorrar espacio, puede adquirir tan sólo el estropajo y aplicarlo al brazo de la escoba o del mocho.

Estropajo/esponja blanco. Es el complemento de los cepillos, cuando éstos no consiguen arrancar la suciedad. El estropajo blanco es el menos abrasivo del mercado, seguido del verde y del gris. Se suele decir que los estropajos blancos no rayan, pero hay que vigilar mucho y aplicarlo en superficies húmedas, pues, en realidad, cualquier cosa es susceptible de rayar otra según la presión con que se aplique.

Estropajo/esponja verde. Se trata de un gran aliado contra la guerra a la suciedad. Arranca cualquier cosa pegada a una superficie, e incluso, si no tiene mucho cuidado, aquello que no desee llevarse por delante. Debe imaginárselo como si se tratara de una hoja de papel de lija pegada a una esponja. Su utilización queda restringida a superficies húmedas. Dadas sus propiedades y características, está especialmente indicado para la limpieza del horno.

Estropajo de virutas de acero. Únicamente indicado en superficies de gran resistencia y para suciedad terriblemente incrustada. Puede llegar a alterar la naturaleza de la superficie tratada si se aplica con mucha fuerza y acompañado de un detergente muy abrasivo.

Almohadilla. Se trata de un artefacto constituido por un palo largo al extremo del cual se incluye una almohadilla cuyo grano varía según el uso que se le quiera dar, que suele incluir un eje giratorio con el que se evitan posturas y esfuerzos dañinos para la espalda. Puede utilizarse directamente con las manos y sirve básicamente para hacer un repaso rápido a superficies bien mantenidas.

Mopa. Es ideal para fregar suelos, paredes y techos. Su cabezal cambiable permite trabajar superficies de porcelana, terrazo, mármol y parquet. Se trata de una pieza plana de goma cubierta por una funda de tela cambiable, lavable y reutilizable. El brazo que la sujeta es giratorio y puede ser utilizado para aplicar en él un cepillo, una escoba o los pelos de un mocho.

Piedra pómez. Arranca con sorprendente facilidad *scale, rust* y depósitos minerales incrustados en la porcelana. Otras aplicaciones son, por ejemplo, la eliminación de la grasa y restos de comida incrustada en el horno, así como la del carbón depositado en planchas y utensilios de cocina de acero; también elimina la pintura y las manchas de bolígrafo de la porcelana, del cemento y de las paredes de ladrillos. También es capaz de eliminar *scale* de la piscina.

Navaja con mango. Ideal para limpiar a fondo la espuma de jabón de las paredes y las mamparas de la ducha, el cristal del horno y cualquier superficie vitrificada. Es preferible utilizarla en superficies húmedas para evitar rayarlas.

Guantes de goma. Esenciales para lavar el horno o en cualquier tarea que implique un cierto peligro para la piel de sus manos.

Espátula. Hay que recurrir a ella cuando tropecemos con incrustaciones de cualquier naturaleza que no cedan ante la presión del cepillo de dientes. Es muy aconsejable para eliminar los restos de cal y jabón depositados en la estrecha ranura formada por la unión de las dos hojas de la mampara. La hoja debe tener un grosor de unos 4 centímetros.

Enjugador. Es la herramienta necesaria para limpiar los cristales. El cuello que une el cabezal de goma con el brazo es pivotable. Asimismo, éste puede ser extensible, para alcanzar distancias incómodas y evitar esfuerzos innecesarios y piruetas peligrosas. Para cristales muy sucios y con incrustaciones se puede recurrir a la aplicación de un cepillo impregnado de solución limpiadora sobre la hoja de goma original, para poder inferir, así, una mayor presión sobre el cristal. Acto seguido se termina la tarea con la hoja de goma normal.

Cepillo para azulejos. Es un cepillo grande con cerdas largas de plástico, dispuestas en ángulo para alcanzar con facilidad las esquinas difíciles y los rincones escondidos. Tiene la ventaja de enjuagarse rápidamente.

Cepillo de dientes. Es una herramienta indispensable para terminar con las manchas leves e intermedias. Los cepillos permiten, por lo general, frotar con más fuerza que las esponjas, los trapos o los papeles de cocina, y sus cerdas permiten obtener resultados más favorables cuando se enfrentan con superficies irregulares. Este cepillo, pariente cercano del cepillo de dientes, sólo que provisto de cerdas más gruesas y resistentes, facilita en mucho la limpieza de los mangos de las puertas, de las ranuras entre azulejos, de los enchufes, de las bisagras de puertas y mamparas, es decir, cualquier rinconcito de difícil acceso.

Aspirador. El mercado ofrece una amplia gama de aspiradores, si bien la diferencia esencial radica entre los portátiles y los semi-industriales. Los primeros, excelentes para aspirar superficies pequeñas, se caracterizan por tener una potencia bastante limitada. Contrariamente, los segundos son los más aconsejables, pues pueden responder perfectamente ante tareas algo más complejas. Entre éstos, los hay provistos de un único motor y otros más potentes que llevan dos. Los bimotores no sólo succionan mejor, sino que son capaces de arrastrar la suciedad atrasada. Asimismo, los hay que presentan bolsas de tela y otros de papel. Aconsejamos el uso de las de papel porque consiguen aislar perfectamente las partículas de polvo del motor del aspirador.

Escobita. Hay que elegir una con cerdas de plástico. Indicada para limpiar los bordes de las alfombras, el flequillo de las mismas, las esquinas de los peldaños, los rincones de las escaleras y para cualquier tipo de cepillado (por ejemplo, entre los cojines del sofá, etc).

Escobilla para el inodoro. Elija una con cerdas de plástico y prescinda de las que presenten alambre trenzado.

Plumero. El plumero tiene serios detractores que argumentan que su utilización tan sólo remueve el polvo que vuelve a depositarse en cualquier otro lugar de la casa. Es indiscutible que el polvo es algo contra lo que hay que luchar firmemente y que la mejor manera de quitarlo es rociando los muebles con un producto limpiador y deslizando posteriormente un trapo por encima. Aun así, cuando se trata simplemente de hacer un repaso rápido de mantenimiento a una casa bien aseada, remover el polvo con un plumero desde arriba hacia abajo, para aspirar seguidamente, es una gran ayuda. Para ello se necesita un plumero de plumas naturales de avestruz. Son caros, pero terriblemente eficaces.

NO LO OLVIDE

- ◆ Mejor disponer de un armario de limpieza bien ordenado y racional que excesivamente repleto.

- ◆ Lea siempre detenidamente las etiquetas de los productos tanto en el momento de comprarlos como cuando vaya a utilizarlos. Los consejos de los fabricantes contribuyen a hacer de ellos un uso más racional y económico y evitan además accidentes potenciales.

- ◆ Elija productos polivalentes para no llenar el armario de productos innecesarios.

- ◆ No descarte automáticamente aquellos productos que son presentados como nuevos. A menudo, sus aplicaciones son múltiples y más duraderas.

- ◆ Tenga por costumbre proteger lo que esté en sus manos. Por ejemplo, forre las paredes del horno con papel de aluminio cuando vaya a hacer un asado para evitar tener que limpiarlo; vitrificar el parquet le ahorrará muchas horas de limpieza y mantenimiento; el suelo de cemento de un garaje se agrieta menos y se friega mejor si previamente ha sido tratado con una pintura adecuada.

- ◆ Dar un uso polivalente a los productos (para el coche y el baño, ...).

- ◆ No dude en acudir a servicios de limpieza profesional cuando sea necesario.

- ◆ No deje nunca los productos y utensilios de limpieza al alcance de los niños; su toxicidad representa un terrible peligro. En caso de ingerir accidentalmente alguno de ellos, acuda de inmediato a los servicios de urgencias o de desintoxicación.

EL ALMACÉN IDEAL

♦ En la parte baja del armario: los objetos pesados y voluminosos como los cubos, la escalera, los bidones, el aspirador, etc.

♦ A media altura y en compartimentos poco profundos: cepillos, trapos, productos y accesorios necesarios para el mantenimiento diario.

♦ En paredes laterales: la escoba, la mopa y el mocho.

♦ En la parte más alta: los productos tóxicos y peligrosos.

3. LA LIMPIEZA DE LA CASA EN GENERAL

LA COCINA

Prepare una bandeja que contenga los siguientes productos
y utensilios:

◇ 1 limpiador en polvo
◇ 1 botella de líquido limpiacristales
◇ 1 botella de líquido desengrasante
◇ 1 esponja/estropajo blanco
◇ 1 esponja/estropajo verde
◇ 1 estropajo de aluminio
◇ 1 plumero
◇ 1 escobita
◇ 1 producto para limpiar el horno
◇ 1 par de guantes de goma
◇ 1 botella de limpiador/pulidor de suelos (o amoníaco)

◇ 10 paños de algodón
◇ 3 fundas de tela para la mopa

En su delantal incluya:

◇ 1 espátula
◇ 1 cepillo de dientes
◇ 1 hoja de afeitar con mango o cúter
◇ 2 bolsas de plástico

En la mano debe llevar

◇ 1 mopa o un mocho

Este capítulo pretende enseñarle a realizar una limpieza rápida, fácil y eficaz de la cocina. La estrategia que debe seguir a la hora de iniciar el trabajo es mantener la dirección de las agujas del reloj, ir limpiando a medida que vaya avanzando sin retroceder nunca y comprobar que dispone de todos los cachivaches necesarios. Es una buena idea, además, dibujar un plano de su propia cocina que le permita establecer un plan de actuación, saber por dónde empezar, qué hay que dejar para el final y cuándo incluir en el proceso los elementos independientes, como por ejemplo una mesa, los taburetes, un mueble aislado, etc., situados en el centro de la habitación.

Acto seguido, póngase el delantal, distribuya en cada uno de sus bolsillos los utensilios necesarios y proceda a comenzar. Debe ser capaz de establecer una rutina y mantener un orden de distribución para cada elemento, pues de lo contrario puede llegar a perder mucho tiempo. Así, sitúe el líquido limpiacristales en un lado, el líquido desengrasante en otro, el plumero en la parte posterior, la escobita que sirve para recoger los restos depositados en el respiradero, en las esquinas, en los electrodomésticos, etc., y que el aspirador es incapaz de succionar en otro, etcétera. Valore finalmente el número de trapos que necesita y páselos del carrito al delantal. Ahora ya está preparado para empezar.

NO LO OLVIDE

♦ Visualice su trayecto de limpieza antes de iniciar cualquier trabajo en la cocina.
♦ Compruebe que dispone de todos los materiales y artilugios necesarios para llevar a cabo una tarea ágil y eficaz. Unas horas o días antes haga recuento de lo que pueda faltarle y no tarde en adquirirlo.
♦ Si dispone de ayuda, distribuya las tareas antes de iniciar la limpieza.
♦ Trabaje ordenadamente, con ilusión e interés.

Armarios y encimeras

Una vez empiece la limpieza, avance *hacia la derecha*, siguiendo la dirección de las agujas del reloj, y trabaje *desde lo más alto hacia los bajos* a medida que vaya avanzando. En la parte superior, centre su esfuerzo en las encimeras, pues representan el punto más alto de la cocina. Por lo general, su trabajo se verá reducido a menudo a hacer desaparecer las huellas de las manos próximas a los pomos. Utilice para ello el líquido desengrasante o cualquier otro producto desincrustante. Rocíe la superficie con una mano y con la otra pase un paño seco por encima de la misma que arrastre la suciedad.

Es aconsejable trabajar con dos trapos a la vez para que a medida que uno de ellos se vaya empapando de producto limpiador tengamos siempre a mano otro seco y en condiciones de lavado óptimas. Se recomienda además mantenerlo colgado del hombro y hacer un gesto rápido y sencillo cada vez que deseemos utilizarlo. Cuando el primero esté demasiado húmedo, resérvelo para repasar superficies poco delicadas y utilice el seco para los cristales, los espejos, las superficies cromadas, etc., pues son mucho más difíciles de dejar impolutas.

A la hora de hacer desaparecer las huellas de los dedos debemos recordar que tan sólo hay que frotar la parte de la superficie que esté realmente sucia. Así pues, evite rociar la puerta entera del armario y centre su atención únicamente donde se haya concentrado la suciedad. Verá cómo esta tarea es fácil e inmediata de realizar.

Entre las diferentes partes que constituyen el todo que es la cocina, se irá usted dando cuenta de que hay un tipo de superficies, esto es, las verticales, que suelen requerir mucha menos atención en el mantenimiento general de la misma. Evidentemente en ello influye la ley de la gravedad, y es lógico pensar que la suciedad y la grasa se acumulan más fácilmente en lo alto de los armarios que en las puertas. Con todo, no se trata de sugerirle realizar un trabajo superficial. No debe usted pensar que intentamos animarle a la holgazanería. ¡Todo lo contrario! Lo que pretendemos es racionalizar el trabajo buscando una máxima efectividad y un ahorro máximo de tiempo. Y ello, por supuesto, incluye no limpiar todo aquello que ya esté limpio de antemano.

Una vez eliminadas las huellas de las puertas de los armarios, frote el trozo de pared que pueda quedar entre los mismos, siempre y cuando compruebe que haya salpicaduras. Acto seguido, repase los mármoles o encimeras de cualquier otro material, avanzando desde el fondo hacia adelante, y preocupándose de levantar a su paso todos los objetos que se vaya encontrando (la aceitera, el pote de la sal, pequeños electrodomésticos, etc). Para llevar a cabo una limpieza de mantenimiento no es necesario lavar todos estos artefactos a fondo. Con pasar el plumero por encima es suficiente. Piense que suelen ser objetos de uso bastante frecuente –precisamente por ello los tiene bien a mano– y como consecuencia es más difícil que acumulen polvo.

A continuación, prosiga ascendiendo hacia la parte frontal de los cajones y centre su tarea una vez más en las huellas que se acumulan alrededor de los pomos y tiradores. Es aconsejable recurrir al uso del cepillo de dientes para limpiar las partes más finas y estrechas de los tiradores y pomos, ahí donde a un paño le resulta difícil llegar. Acto seguido, seque la superficie limpia con un trapo y conseguirá mantenerla impecable durante un largo período de tiempo.

NO LO OLVIDE

◆ Puesto que a medida que vaya avanzando por la cocina se irá repitiendo el acto de rociar y secar las distintas superficies, le aconsejamos que trabaje con las dos manos a la vez: una que sostenga el producto limpiador y rocíe las partes a tratar y la otra que las repase con el paño seco.

◆ Cuando los trapos estén demasiado húmedos o sucios, guárdelos en uno de los bolsillos del delantal para proceder a su lavado posterior. Si lo prefiere, deposítelos en la bandeja o carrito de limpieza, pero evite siempre dejarlos en el suelo, pues los productos antigrasa suelen ser muy corrosivos y manchan las superficies.

◆ A cada rociado, recuerde guardar la botella en el delantal. No la deje nunca encima de los mármoles. A la larga, esta costumbre le hará ahorrar tiempo y le enseñará a realizar el trabajo de forma ordenada y mecánica.

Por último, recuerde que cuando usted esté limpiando los armarios y encimeras puede «tropezar» con restos de comida secos que han adquirido un aspecto prácticamente pétreo. En estos casos, recurra primero al uso de la esponja/estropajo blanco y friegue con fuerza del lado del estropajo. No olvide previamente rociar el resto de comida con el limpiador antigrasa para evitar dañar la superficie. En caso de obtener resistencia, utilice la espátula y presione contra el resto de comida manteniendo un ángulo muy inclinado. Recuerde que la utilización de esta herramienta debe reservarse para casos de suciedad muy incrustada, que debe aplicarse una fuerza proporcional al tamaño y resistencia de la misma y siempre habiendo rociado previamente la superficie a tratar con líquido limpiador. De lo contrario puede rayar los muebles o el mármol para siempre.

Superficies de cristal

Para tratar los cristales de las ventanas, los espejos y los vidrios de los cuadros que pueda tener en su cocina debe echar mano del líquido limpiacristales y de un paño de algodón limpio y seco. Rocíe generosamente las superficies y frótelas con el trapo hasta que queden absolutamente secas, de lo contrario se verán siempre los trazos por donde ha pasado el paño. Es imprescindible que el trapo esté completamente seco para evitar perder mucho tiempo en el proceso de secado. Una vez terminado, guarde todos los utensilios en su delantal y prosiga con su labor.

NO LO OLVIDE
◆ Es del todo desaconsejable ahorrar limpiacristales si quiere obtener un resultado óptimo.
◆ Asegúrese siempre de que el paño con el que trabajará está absolutamente limpio y seco.

Puertas

A medida que prosiga en su avance por la cocina busque con atención las posibles telas de araña que se hayan podido formar. Hay que fijarse siempre en las partes más altas de la habitación, sobre todo en las esquinas, el lugar favorito de dichos insectos. Cuando haya descubierto alguna, eche mano del plumero, sacúdalo por encima de la tela para destruir su malla y en caso de que no la alcance recurra al brazo extensor del aspirador, y succione. A las arañas les gusta también tejer su tela en lo alto de los marcos de las puertas. Así, repase siempre esta parte de las mismas de forma sistemática para mantenerlas en perfecto estado de limpieza.

A su vez, en cuanto a las puertas de la cocina se refiere, lo más frecuente es tener que eliminar las huellas de los dedos acumuladas alrededor del pomo y en la parte inferior de las mismas, sobre todo si la casa está habitada por niños pequeños. Rocíe entonces la superficie con un desengrasante y séquela con un paño de algodón. Si la hoja de la puerta es completamente lisa, probablemente no se acumulen restos de suciedad en ningún otro sitio, pero si, por el contrario, las puertas de su casa están trabajadas a la manera antigua, con estrías, ranuras y molduras salientes labradas en la superficie de la madera, deberá realizar una tarea más a fondo con la ayuda del cepillo de dientes. Éste arrastrará la suciedad que se incrusta en los recovecos más difíciles al entrar en contacto con la grasa que se produce en una cocina. Proceda inmediatamente después a secar la superficie tratada con un paño de algodón blanco.

♦ Las telas de araña suelen localizarse en lo alto de las habitaciones, especialmente en las esquinas. No olvide, pues, realizar siempre la tarea en sentido descendente, esto es, desde arriba hacia abajo.

♦ Las huellas grasas de los dedos suelen acumularse siempre alrededor del pomo de las puertas. Concentre especialmente su atención en esta parte para ahorrar tiempo.

Estanterías

En cualquier cocina pueden encontrarse estanterías abiertas en las que se guardan libros de cocina, recetarios e incluso decorativos potes para el azúcar, el arroz, la pasta, el pan rallado, etc. Para su mantenimiento es necesario quitar el polvo de forma repetida con ayuda del plumero, concentrando todo nuestro esfuerzo en los ángulos principales de las mismas. En caso de que estén un poco atrasadas y el polvo haya penetrado en la superficie interior, es aconsejable retirar todos los objetos guardados en los estantes para retirar sin problemas la suciedad acumulada. Se puede preferir retirar los potes y demás artefactos primero hacia un lado y después hacia el otro y limpiar respectivamente el lado opuesto que ha quedado libre, o bien, en caso de que haya muchos acumulados, retirarlos por completo y dejarlos un momento en el suelo o en las encimeras. Evidentemente, se trata de depositarlos en un lugar cercano para evitar idas y venidas incómodas que conllevan una consecuente pérdida de tiempo. El sistema es perfectamente aplicable para limpiar también los estantes contenidos en armarios cerrados. Una vez más se trata de rociar las superficies libres con un líquido desengrasante y secarlas con un paño seco de algodón.

El frigorífico

Al hablar de la limpieza del frigorífico hay que recalcar que dicho electrodoméstico requiere un cuidado específico para su interior y que el exterior puede ser tratado como un elemento más del mobiliario general de la cocina.

Así, empezando por el exterior, es aconsejable partir una vez más de la parte superior del mismo, dicho sea de paso, un lugar en el que suele acumularse con mucha facilidad la grasa y el polvo formando una visible película negruzca que mucha gente suele obviar. Debe ser tratada con un fuerte producto desengrasante y secada posteriormente con un paño de algodón. Si la superficie superior del frigorífico es utilizada como área de almacenamiento se deben retirar todos los elementos ahí dispuestos antes de proceder a lustrarla en sí misma. Acto seguido proceda a eliminar las huellas acumuladas alrededor del tirador, tanto en la parte frontal como lateral de la puerta, siempre con el paño, y retire la suciedad de los goznes y de las placas frontales mediante el uso del cepillo de dientes. Utilice también esta herramienta para desincrustar y arrastrar los restos y demás suciedad de la banda de goma que bordea la parte interior de la puerta. Acto seguido, aprovechando que la puerta del frigorífico está abierta, quite el polvo de la pared frontal del ventilador –suele situarse en la parte inferior del electrodoméstico– con el plumero o la escobita, y si está algo más atrasada rocíela con líquido desengrasante y repásela con un paño de algodón que arrastrará la grasa. Con el mismo trapo, elimine la línea oscura que se dibuja en el marco interior del frigorífico al encajar ésta con la banda de goma de la puerta. No olvide repasar también las paredes laterales del frigorífico, siempre que éstas se vean. Si el aparato está encajado entre el mobiliario, retírelo por lo menos una vez al mes para facilitar el acceso a estas partes y no atrasar demasiado su mantenimiento. El lavado interior del frigorífico representa un quehacer bastante laborioso, pero esencial si tenemos en cuenta que en él se almacenan productos alimenticios. Es evidente, pues, que se trata de mantener su higiene en óptimas condiciones para evitar pudredumbres que pudieran afectar nocivamente a nuestra persona. Por el simple hecho de ser un contenedor de alimentos, es fácil imaginar cómo se pueden llegar a almacenar en su interior bacterias y otro tipo de agentes nocivos contra los que hay que luchar. Para ello recomendamos utilizar siempre bicarbonato disuelto en agua caliente y aplicarlo con la ayuda de un paño limpio. Hay que recordar que está absolutamente contraindicado utilizar productos detergentes demasiado corrosivos para el lavado interior del frigorífico, pues el material con el que están construidas sus paredes, parrillas, bandejas y cajones es muy delicado. Asimismo, el poder higiénico del bicarbonato es excelente.

En el proceso general de limpieza de la cocina, es recomendable realizar el lavado interior del frigorífico antes que cualquier otra cosa. Si su intención es limpiar también el congelador, recuerde que debe apagarse unas horas antes del limpiado para que el hielo se vaya fundiendo. Tampoco estaría de más hacer coincidir esta tarea con el día de la semana en que la nevera está más vacía y aprovechar la ocasión para tirar todos aquellos productos viejos, caducados o mustios. Una vez tenga descongelado el congelador, éste resulta muy fácil de lavar. Retire cualquier placa de hielo que pueda haber quedado depositada en la base del mismo, presione suavemente contra las paredes para que se suelten los restos de hielo y retírelos también junto con las bandejas y parrillas. Deposítelo todo en la pila y sumerja los elementos interiores del congelador en la solución de agua y bicarbonato. Frótelos un poco y déjelos secar. En caso de que hubiera olvidado apagar el congelador con tiempo de antelación o de que no pudiera hacerlo debido a la carga almacenada, limítese a correr de un lado a otro los alimentos para proceder a limpiar la zona que haya quedado libre. Repase las superficies con el paño mojado en agua y bicarbonato y no se olvide de enjuagarlo repetidas veces.

Una vez terminado el congelador, es recomendable empezar por el estante superior del frigorífico e ir prosiguiendo en sentido descendente. Retire todos los objetos que vaya encontrando y una vez vaciada la parrilla repásela con el paño húmedo de solución acuosa. Cuando haya alcanzado la parte inferior, retire los cajones y las cajas con tapa, sumérjalos en la solución limpiadora, frótelos tanto por el lado exterior como por el interior y déjelos secar. No olvide repasar la zona de debajo de los cajones, donde suelen acumularse agua y restos de comida.

A continuación prosiga con los estantes de la puerta. Retire todos los potes, botellas y demás objetos ahí contenidos repasando también sus bases para que no ensucien las superficies una vez sean repuestos. Deslice el paño húmedo por las partes interior y exterior de las bandejas y vuelva a guardar lo que había sacado de ellas. Una vez terminada esta área, cierre la puerta del frigorífico y comience la parte exterior del mismo siguiendo los consejos anteriormente referidos.

NO LO OLVIDE

- ◆ Es recomendable lavar el interior del frigorífico una vez por semana para evitar la acumulación de desechos nocivos para nuestra salud. En cuanto al congelador, la frecuencia puede ser muy inferior (bastará una vez por trimestre).
- ◆ La mezcla de agua caliente con bicarbonato es la solución óptima para su higienización, conservación y mantenimiento.
- ◆ Utilice siempre paños de algodón para evitar dañar el material con el que están hechas las delicadas superficies de las paredes.
- ◆ No olvide apagar el congelador unas horas antes de su limpieza para que se funda el hielo.
- ◆ Haga coincidir esta tarea con el día de la semana en que deba reponer alimentos para que el frigorífico esté lo más vacío posible y sea más fácil trabajar.

La cocina

Las paredes laterales de dicho electrodoméstico junto con la tapa pueden ser lavadas mediante un producto desengrasante y un paño de algodón, como si de un mueble más de la sala se tratara. En cuanto a la parte posterior, lo esencial es el mantenimiento de los filtros de ventilación, que hay que reponer en caso de deterioro absoluto o lavar con un producto lavavajillas una vez al trimestre. La labor más dificultosa a la hora de limpiar una cocina se centra en el horno y sobre él daremos orientaciones a continuación, pero no hay que olvidar tampoco el lavado de los fogones, actividad que hay que repetir de dos a tres veces al día, coincidiendo con las veces que se hayan utilizado para cocinar. Básicamente, podemos diferenciar entre dos tipos de fogones, correspondientes al tipo de cocina: los fogones de gas y los fogones eléctricos.

La cocina de gas. Resulta más fácil de lavar que la eléctrica. Lo primero que hay que hacer es retirar la parrilla que cubre toda la superficie de los fogones y enjabonarla con la ayuda de una esponja/estropajo blanco. Acto seguido, hay que retirar el jabón con un paño húmedo y a continuación repasar la superficie con un paño seco. En caso de que hayan quedado restos de comida incrustados, recurra al uso de la espátula. Si éstos siguen sin desaparecer, utilice una mínima cantidad de polvos limpiadores y la esponja/estropajo verde. Si la fuerza desincrustante de este estropajo es insuficiente, utilice el de virutas de acero o níquel vigilando mucho de no rayar la superficie. Las parrillas pueden lavarse una vez por semana (o tras la preparación de una comida muy laboriosa) tanto a mano como en el lavavajillas. En cuanto a los quemadores se refiere, retire las tres partes que lo constituyen una vez a la semana, enjabónelos bien con lavavajillas y un estropajo y enjuáguelos bajo el chorro de agua. Al realizar esta tarea, compruebe que la salida de gas no esté obturada. En caso afirmativo procure solucionarlo con la ayuda de una aguja. Ahora bien, si no consigue retirar el tapón por sí mismo, avise al servicio de asistencia técnica.

La cocina eléctrica. Este tipo de cocinas suele presentar unos anillos de aluminio o cromo alrededor de los quemadores que pueden ser perfectamente tratados y limpiados con la ayuda del cepillo de dientes. Antes de pasar el trapo por encima es preferible fregar los anillos con el estropajo blanco y aclararlos abundantemente. Prosiga finalmente con el secado. Como de costumbre, se recomienda trabajar desde detrás hacia adelante, y de izquierda a derecha. En caso de que los anillos metálicos necesiten una limpieza a fondo, utilice entonces el estropajo de níquel. Las resistencias sólo deben tocarse si resulta imposible obtener una limpieza óptima de la superficie superior de la cocina. En dicho caso, aproveche para retirar cualquier acumulación de restos debajo del quemador y para lavarlo siguiendo los mismos pasos anteriormente descritos. No intente nunca conseguir que los quemadores y anillos parezcan nuevos, pues se deterioran con gran facilidad. Para ello, recomendamos cambiarlos tantas veces como sea preciso; es una solución mucho más práctica. Incluso es preferible meterlos en el lavaplatos: el resultado es bastante satisfactorio.

En cuanto a las cocinas eléctricas de superficie vitrificada hay que tener presente que su mantenimiento suele ser mucho más delicado que el de los otros dos tipos. Se deben utilizar siempre productos no abrasivos y esponjas que traten con mimo el material. El mercado ofrece productos específicamente diseñados para la labor, pero en caso de no poder acceder a ellos, se recomienda limpiar la superficie con un limpiacristales o, en su defecto, con agua y lavavajillas. En ambos casos es del todo necesario secar perfectamente el área tratada con un paño de algodón.

Una vez hayamos terminado con la encimera de la cocina, debemos proseguir con la parte frontal. El primer escollo que encontramos aquí es el panel de mandos con la correspondiente hilera de botones. Hay que limpiarlos con el cepillo de dientes, que nos permite acceder a todos los rincones y bordes, mojado en un producto desengrasante. Únicamente en casos de máxima suciedad se sugiere sacar los botones de mando para limpiar el panel frontal. En dicho caso, utilice primero un paño de algodón y el producto desengrasante para los botones, retírelos, prosiga con el frontal y reponga los botones. No olvide secar con otro paño todo aquello que ya haya sido limpiado.

Abra entonces la portezuela del horno y proceda a limpiar la parte interior de la misma. Rocíe la superficie con líquido limpiacristales y arranque la suciedad con ayuda de la hoja de afeitar o cúter. Recuerde que debe utilizar esta herramienta con delicadeza para no dañar las superficies y no olvidar hacerlo cuando éstas estén húmedas.

Finalmente, dé un último repaso al resto de la parte frontal de la cocina, recordando que las áreas verticales se mantienen mucho más tiempo limpias que las horizontales.

El horno. El grado de frecuencia con que debe realizarse esta tarea depende estrictamente de cómo y cuánto utilice usted el horno. Lo que sí podemos afirmar es que se trata de una faena ciertamente pesada e incluso desagradable.

Lo primero que hay que tener presente a la hora de limpiar un horno es saber si se trata de uno de esos ejemplares con un programa de autolimpieza. En caso afirmativo, siga las instrucciones del fabricante, olvide nuestros consejos, y siéntase completamente afortunado.

Ahora bien, si su horno presenta un acabado interior esmaltado (tiene usted un 95% de probabilidades de que así sea), la tarea le será indudablemente pesada, pero soportable. En caso de que al contemplarlo se dé cuenta de que el interior de su horno se asemeja a una fina hoja de papel de lija, le aconsejamos encarecidamente que desista de su empeño, pues lo que hay en su ejemplar son restos secos de limpiador de hornos prácticamente imposibles de eliminar una vez terminado el proceso de lavado.

Rocíe el interior del aparato con dicho producto la noche anterior al día en que vaya a lavarlo, siempre y cuando haya retirado previamente la parrilla y la bandeja, y cualquier otro tipo de objeto ahí contenido, como por ejemplo la bobina desenchufada que alimenta el ventilador. Cubra el suelo con trapos limpios, papel de cocina o periódicos viejos con el fin de evitar que el líquido sobrante gotee y lo manche durante la noche. Rocíe generosamente el interior del horno, así como las puertas, pero vigilando no apurar mucho por los lados. Asimismo, repita el proceso con la bandeja y la parrilla y evite echar líquido en el termostato y en la luz interior. En caso de que decida lavar también el gratinador, rocíelo ampliamente. Una vez terminada esta etapa, deje que el limpiador actúe toda la noche y reinicie el trabajo a la mañana siguiente.

Disponga entonces a su alcance el cubo de la basura, un rollo de papel de cocina o unos cuantos trapos de algodón muy usados, la espátula y un par de guantes de goma. Una vez a punto, retire los restos de limpiador con el estropajo verde de dureza media y la espátula para rascar la puerta acristalada. Empiece por eliminar los restos de la parrilla y la bandeja, y ayúdese con trapos viejos. Acto seguido disponga estas piezas en el fregadero, enjuáguelas con abundante agua del grifo y déjelas secar, cuidando mucho de no rayar la superficie de la pila. Preste especial atención a las partes frontales de estos dos elementos auxiliares. Remueva entonces el limpiador restante con ayuda del estropajo empezando por la parte superior del horno, siguiendo por la pared derecha, el fondo, la pared izquierda y finalmente la base. A medida que vaya pasando el estropajo, infiera más o menos fuerza según si encuentra restos de comida pegados o no, y si éstos se resisten, eche mano de la espátula. Poco a poco, el estropajo estará más y más sucio y resbaladizo, pero no se preocupe de enjuagarlo cada dos por tres. Tan sólo deberá aclararlo en agua cuando prácticamente se le escape de las manos y arrastre ya gran cantidad de restos, pues entonces empezará a perder sus propiedades. Una vez haya terminado de frotar el interior del horno, enjuáguelo con los trapos viejos o el papel de cocina y vaya tirándolos al cubo de la basura a medida que estén saturados de limpiador y suciedad. Para ello, siga el orden exactamente inverso al anterior, esto es, empiece por la base, continúe por la pared izquierda, siga por el fondo, a continuación seque la pared derecha y termine por la parte superior.

En caso de que hubiera pensado limpiar también el gratinador, retírelo del horno y friéguelo en el fregadero con el estropajo verde. Si es necesario utilice la espátula. Enjuáguelo con agua, séquelo y repóngalo en su lugar habitual.

Recoja entonces los trapos o papeles de cocina sobrantes, eche al cubo de basura los periódicos esparcidos por el suelo y ponga en marcha el horno unos quince minutos, a 400°. El calor desprendido convertirá cualquier resto de limpiador en un polvillo blanco fácil de distinguir y de eliminar una vez se haya enfriado. Asimismo evitará que humee o huela en próximas utilizaciones, en momentos en que ello supondría mucho más engorro.

♦ Empiece por la tapa y vaya avanzando desde detrás hacia adelante con la ayuda del desengrasante, los paños de algodón, el estropajo blanco, la espátula y el estropajo de níquel.

♦ Para los quemadores y encimeras de las cocinas de gas hay que retirar previamente las parrillas, aplicar el líquido detergente o en polvo, en caso de suciedad resistente, fregar con el estropajo blanco y retirar el producto jabonoso con la ayuda de los paños de algodón. Acto seguido es recomendable secar la superficie para conseguir un acabado brillante y lustroso.

♦ Las cocinas eléctricas se limpian con facilidad gracias a la precisión del cepillo de dientes.

♦ Para la parte frontal suele ser recomendable retirar los botones de mando, pues es mucho más práctico trabajar sobre superficies lisas y sin obstáculos.

♦ La limpieza del horno es una tarea ardua y desagradable. La frecuencia de lavado depende estrictamente del uso que usted haga de dicho electrodoméstico.

Pequeños electrodomésticos

Al estar dispuestos encima de los mármoles con el objeto de facilitar su utilización, suelen acumular polvo y grasa con cierta facilidad. Por ello, es recomendable limpiarlos a menudo con la ayuda del estropajo blanco y el líquido jabonoso desengrasante. Con cierta constancia y dedicación conseguirá hacer lucir como nueva su vieja tostadora. Si el frotar con el estropajo es insuficiente para arrancar los restos de comida y las miguitas pegadas, utilice con suavidad la espátula cuidando siempre de inferir presión en ángulo bajo y con la superficie a tratar húmeda. El cepillo de dientes será el contrapunto ideal para dejar como nuevas las asas y demás recovecos imposibles de alcanzar con el paño de algodón. Siga el mismo proceso para el abridor eléctrico de latas y desengrase las ruedecitas cortantes y los demás engranajes con la ayuda del cepillo de dientes. En caso de que estos pequeños electrodomésticos lleven incorporados accesorios extraíbles, recomendamos lavarlos en el lavaplatos. El microondas es un aparato fácil de limpiar: rocíe sus superficies interiores y exteriores con líquido desengrasante, retire la solución con un paño y séquelas a conciencia.

NO LO OLVIDE

- ♦ Los pequeños electrodomésticos que tanto facilitan el trabajo en la cocina pueden ser tratados con líquido desengrasante, un estropajo blanco y trapos.
- ♦ Su mantenimiento es rápido y sencillo.

El fregadero

El «viaje» de limpieza por la cocina llega a su fin al alcanzar el fregadero, en el que no deben acumularse platos sucios, pues éste correspondería a un trabajo diario y lo que nos ocupa es un mantenimiento general semanal. Así pues, antes de iniciar esta tarea procure tener los platos limpios o en el lavaplatos en espera de ser lavados. Empiece, pues, por los bordes de la pila con la ayuda de una esponja/estropajo blanco de dureza intermedia y líquido desengrasante. Para arrancar la suciedad acumulada en las juntas que se derivan de la unión de la pila y la encimera y en los grifos, el cepillo de dientes es el utensilio ideal. Para la cubeta del fregadero utilice detergente en polvo. Humedézcala primero, reparta el polvo con ayuda del estropajo, restriegue las paredes y aclare generosamente con agua. El cepillo le será también de gran ayuda para limpiar las ranuras del desagüe. Una vez enjuagada la pila, seque con un paño de algodón la superficie del fregadero, el grifo y los mandos del mismo para conseguir un brillo deslumbrante y retirar la cal acumulada en el agua que, de no hacerlo, suele cubrirlo todo con una pátina blanquecina.

Una vez terminada esta última pieza de la cocina, reponga todos los utensilios y el material utilizado en el carrito de la limpieza y déjelo fuera de la habitación.

El suelo

Lo primero que hay que hacer es barrer o aspirar a fondo el suelo de la habitación procurando no arrastrar suciedad de un lugar a otro con el cordón. Recoja de antemano los objetos o restos grandes, como las bolas de pelos de gatos o perros, para evitar una obturación del aspirador. Preste una especial atención a las esquinas y rincones y a las juntas de las baldosas y utilice una escoba cuando el aspirador no alcance según qué áreas. De hecho, el trabajo puede ser mucho más ágil con esta herramienta que con el aspirador, siempre y cuando el suelo no esté plagado de bolas de polvo.

El siguiente paso depende del tipo de suelo que deba tratarse. Para los suelos de vinilo, de madera cubierta con poliuretano o recubiertos con baldosas, el mejor limpiador es el que mezcla el amoníaco con agua. Por el contrario, los suelos encerados, tanto de madera como de vinilo o linóleo necesitan un producto limpiador/abrillantador específico.

Amoníaco y agua. Mezcle los dos componentes en una proporción bastante concentrada de amoníaco. Así, para cada 5 o 6 centímetros de agua tibia hay que añadir aproximadamente unas tres cucharadas soperas de amoníaco. La cantidad total de la mezcla dependerá de las dimensiones de la superficie que deba tratarse y de la herramienta que se elija para su aplicación. En caso de que utilice un mocho, la solución se mezclará en un cubo con su correspondiente accesorio para el escurrido y se tendrá en cuenta que las hebras de algodón irán siendo sumergidas en el agua en diferentes ocasiones para su aclarado y que, como consecuencia, la irán ensuciando paulatinamente. Ahora bien, en caso de que se recurra a una mopa, la cantidad de solución puede ser considerablemente inferior y puede almacenarse en la pila del propio fregadero de la cocina. Se trataría aquí de sumergir en el líquido de dos a tres fundas para la mopa, escurrirlas un poco, de modo que al colocarlas en el cabezal estuvieran bastante empapadas, e ir sustituyéndolas a medida que se ensuciaran. Nótese que en este caso el agua del fregadero nunca se ensucia, pues las fundas ensuciadas se lavarán posteriormente a mano o a máquina, pero siempre por separado.

Empiece en ambos casos por el área más apartada de la puerta de la cocina y enjuague el mocho o cambie la funda de la mopa según el grado de suciedad del suelo. En ambos casos hay que tener a mano la espátula para arrancar los restos pegados en la superficie y que se resisten al paso de mocho o mopa. Las zonas más sucias suelen coincidir con la parte frontal del frigorífico, frente a la cocina y delante del fregadero. Insista, pues, en estos tres rincones. Para eliminar definitivamente las manchas de grasa y las huellas de los zapatos frote la superficie con la esponja/estropajo blanco.

Una vez fregado el suelo, eche el líquido del cubo en el inodoro y aclare ambas piezas con abundante agua limpia. Si ha trabajado usted con la mopa, deje correr el líquido sobrante por el desagüe, haga correr el agua corriente y aclare la pila y finalmente seque con un paño de algodón el grifo y los bordes del fregadero.

Limpiador/abrillantador de suelos. Dicho producto debe aplicarse siempre con la funda de la mopa o el mocho respectivamente, siempre en agua tibia, escúrralos un poquito y extienda con su ayuda la fina línea de abrillantador que previamente habremos aplicado de forma directa al suelo. Procure repartir el producto uniformemente de modo que quede una mínima capa del mismo. En su paso, presione con fuerza el suelo para arrancar posibles restos pegados. No aplique nunca el abrillantador a menos de cinco centímetros de una pared o armario para evitar manchas. Repita el enjuague del cabezal del mocho o cambie la funda de la mopa tantas veces como sea necesario y una vez terminado de fregar el suelo recoja las herramientas como en el caso anterior, sin olvidar aclarar el cubo y la pila y secar los grifos y perímetros del fregadero. Si ha recurrido usted al uso de fundas para la mopa, lávelas de inmediato después de su utilización, pues la mayoría de los productos limpiadores/abrillantadores endurecen terriblemente al secarse.

Por último, si su suelo de mármol, de madera o de vinilo perfectamente abrillantado y encerado presenta rayas, seque la superficie del mismo con la mopa inmediatamente después de haber aplicado el producto y olvide la incómoda idea de arrodillarse y aplicarlo con las manos y una toalla.

NO LO OLVIDE

♦ Es indispensable barrer o aspirar previamente el suelo para obtener un óptimo resultado con el fregado.

♦ Elija según su comodidad la mopa o el mocho. Ambos utensilios son ideales.

♦ El poder desengrasante del amoníaco está especialmente indicado para los suelos de las cocinas.

♦ El producto abrillantador debe aplicarse siempre con un soporte húmedo.

♦ Tan sólo los suelos no encerados de vinilo permiten los dos sistemas. Elija uno u otro a su gusto, o altérnelos para obtener un mayor resultado.

EL LAVABO

Prepare su carrito de la limpieza con los siguientes objetos:

◇ 1 pote de limpiador en polvo
◇ 1 esponja/estropajo blanco
◇ 1 botella de líquido limpiacristales
◇ 1 botella de líquido desengrasante
◇ 1 escobilla
◇ 1 cepillo para los azulejos
◇ 10 paños de algodón
◇ 1 plumero
◇ 1 escobita
◇ 1 botella de lejía
◇ 1 botella de líquido para azulejos

Incluya en su delantal:

◇ 1 espátula
◇ 1 cepillo de dientes
◇ 1 hoja de afeitar con mango o cúter
◇ 2 bolsas de plástico

Aquí tiene su baño. Aunque esté muy desordenado, aunque vea montones de toallas esparcidas sin ton ni son por doquier, aunque la pasta de dientes haya cubierto parte del espejo, aunque la humedad haga estragos entre las hendiduras de los azulejos, no se asuste. Todo tiene una fácil y rápida solución. Tan sólo se trata de establecer una vez más un plan de actuación, de seguir la dirección que indican las agujas del reloj, de avanzar sin retroceder jamás y de tener a mano los utensilios y materiales indispensables para poner orden a todo este barullo. Para hacer el baño recomendamos distribuir la actuación en dos categorías: la primera para lavar las piezas húmedas (esto es, la bañera, la ducha, el lavabo y el inodoro), y la segunda para tratar el resto de elementos.

Antes de empezar propiamente a lavar, ordene la habitación: retire cualquier pieza que estorbe (el carrito de la ropa sucia, los armarios auxiliares con ruedecitas incorporadas), las toallas húmedas, el patito de los niños, etc., cualquier cosa que pueda molestar a la hora de aspirar y fregar.

Las paredes de la ducha

Retire lo más cerca posible de su lugar natural todos aquellos objetos dispuestos alrededor de la bañera manteniendo su orden original. Hay dos razones para sugerir una actuación similar: la primera es la consecuente rapidez derivada de la proximidad, y la segunda que el mantenimiento del orden contribuye a ahorrar tiempo en el momento de reordenar los objetos.

Humedezca entonces las paredes que rodean la bañera con el brazo de la ducha y aplique líquido para azulejos. Extiéndalo por toda la superficie con la ayuda de un cepillo y de forma circular, haciendo hincapié en la zona próxima a donde salpica el agua. Si le resulta imposible alcanzar todas las partes de la pared, métase dentro de la bañera teniendo cuidado de calzar unas zapatillas con suela de goma antideslizante. Aun así, la extensión que supone el cepillo suele ser suficiente para tratar las paredes próximas a la ducha, que suelen ser las que necesitan realmente la limpieza. No hace falta que extienda el líquido limpiador en las zonas limpias, esto es, en las superiores, pues es muy improbable que el agua de la ducha las alcance, de ahí que su mantenimiento deba realizarse muy de vez en cuando. Empiece siempre aplicando el producto en la parte más alejada del desagüe. No es necesario frotar mucho, pues este producto desencadena una reacción química que disuelve en algunos minutos la acumulación de jabón y los restos de cal de las aguas duras. Si la bañera está rodeada de mamparas, prosiga aplicando el producto sobre ellas. Al cabo de unos minutos, empiece a restregar las superficies de la pared con el cepillo. Las púas del mismo alcanzarán sin problemas las juntas de los azulejos y las dejarán libres de impurezas y moho. Infiera movimientos circulares desde la parte superior avanzando hacia la inferior y repase también la grifería con el cepillo. Con la práctica será capaz de apreciar a través de dicho utensilio cuándo estarán completamente limpios y lisos los azulejos, lo cual indica que ya se puede pasar al proceso de aclarado, el cual se realizará en el mismo momento en que se enjuague la bañera. Cuando tenga que limpiar el soporte de la pastilla de jabón, retire los restos acumulados haciendo palanca con la empuñadura del cepillo de dientes y termine de eliminarlos con el cabezal de cerdas.

NO LO OLVIDE

♦ Para llevar a cabo una limpieza semanal de las paredes de la ducha basta con centrar el trabajo en el área que soporta las salpicaduras de agua y jabón.

♦ Para recuperar el blanco radiante original de las ranuras entre los azulejos aconsejamos la utilización del blanco de España, esto es, un pigmento derivado de la calcita que al mezclarse con agua se convierte en una pasta de características cubrientes. Suele aplicarse con la ayuda de un pequeño pincel y hay que esperar a que se seque para retirarlo con un paño húmedo. El resultado de su utilización es altamente efectivo y su duración, teniendo en cuenta la laboriosidad del proceso, muy considerable.

♦ La utilización de un producto específico para azulejos contribuye a recuperar el brillo original que los caracteriza. Asimismo, la mezcla de agua caliente con vinagre representa una opción tradicional y de respeto por la naturaleza igualmente válida para dicho objetivo.

Las mamparas

Después de haber fregado la pared de azulejos, continúe por la parte interior de la puerta de la ducha o por las mamparas (empezando siempre por el interior), esta vez con ayuda del estropajo blanco, mucho más adecuado para esta superficie. No utilice jamás el estropajo verde, pues podría rayar el cristal. Si usted protege la ducha con una cortina, pásela por alto y no intente jamás lavarla a mano cuando esté colgada; lo mejor es meterla en la lavadora en un programa corto para tejidos artificiales y protegida con una toalla, o cambiarla por otra cuando su estado así lo requiera.

En caso de que la puerta de su mampara tenga dos o más batientes y le resulte imposible limpiar el área en que éstos se solapan, recubra la espátula con el estropajo blanco embebido en líquido limpiacristales e introdúzcalo en la ranura resultante (si el estropajo es demasiado fino, utilice un paño). Muévalo de arriba abajo vigilando que la espátula no se escape, pues de lo contrario rayaría el cristal. Acto seguido, seque la superficie tratada introduciendo un paño por la ranura. El motivo que justifica el uso del limpiacristales en vez del líquido para azulejos es que el primero no precisa aclarado y el segundo sí, y como se trata de una zona muy incómoda de trabajar se consigue así ahorrar un paso.

Si por un casual hay alguna mancha de pintura o restos de una pegatina para niños que se resisten al estropajo blanco y al líquido para azulejos, frote la superficie con el cúter. Asegúrese de que la hoja está bien afilada y de que infiere la presión en un ángulo correcto. Por último, procure no cortar la banda de goma que rodea la puerta.

Acto seguido, continúe con las bisagras y las ruedecitas. Lo más eficaz es tratarlas con el cepillo de dientes, pero, si el resultado no es satisfactorio, envuelva la espátula con un trapo y frote vigorosamente desde dentro hacia afuera y de un lado a otro. Espere todavía un buen rato para aclarar hasta que el líquido limpiador haga su efecto, pues seguramente estas piezas hayan acumulado una buena cantidad de suciedad.

La bañera

Todavía sin haber aclarado las paredes de la ducha y la mampara, continúe con la bañera. Humedezca previamente los lados y la base y eche un poco de polvos limpiadores. Sea práctico y limítese a utilizar la cantidad exactamente necesaria, según si la bañera está muy sucia o poco, pues es un producto bastante difícil de enjuagar y el agua tarda en arrastrarlo por completo. Tenga en cuenta además que los polvos suelen ser muy abrasivos y dañan la porcelana de modo irremediable. En caso de que su bañera no sea de porcelana, utilice un producto específico y olvídese de los polvos limpiadores.

Frote la superficie con la ayuda del cepillo para azulejos, empezando por la parte más alejada del desagüe. Cuando sea necesario, utilice el cepillo de dientes para eliminar el moho concentrado en la ranura formada entre la pared de azulejos y la bañera. En caso de que sea imposible eliminarlo por completo con la ayuda del cepillo de dientes, podremos echar mano de la lejía, pero es preferible utilizarla cuando hayamos terminado de limpiar todo el cuarto de baño para evitar tener que respirar los efluvios nocivos que desprende.

♦ Los polvos limpiadores son el producto estelar para la limpieza de las bañeras de porcelana.

Una vez haya terminado de enjabonar la bañera, tendrá toda el área de la ducha llena de espuma y a punto para el enjuague. Deje el cepillo para limpiar los azulejos dentro del lavabo mientras proceda al aclarado de la bañera. Lo más práctico es utilizar el brazo extensible de la ducha. Así pues, deje correr el agua –siempre fría para evitar llenar de vapor la habitación– empezando por las paredes y las puertas de la mampara, avanzando de arriba hacia abajo y desde la parte más alejada del desagüe hasta el mismo. En caso de no alcanzar alguna de las partes, utilice las manos para desviar la dirección del agua y si ello resulta ineficaz recoja un poco de agua en el cubo y salpique la zona deseada.

Una vez aclaradas las paredes, enjuague la bañera, desde el punto más alejado del desagüe hacia el mismo, y utilice sus dedos para saber cuándo puede darse por terminado el trabajo. No se fíe tan sólo de la vista, pues en una superficie mojada es difícil calibrar si todavía quedan restos de polvo limpiador. Así pues, el tacto le ayudará a evitar que, una vez seca la bañera, se forme esa fina película que, esta vez sí, se apreciará con absoluta claridad.

El trabajo de aclarado está terminado. Ahora bien, no reponga todavía los objetos que había retirado de ahí porque, en caso de que haya quedado un poco de moho contra el que actuar, habrá que echar lejía. Seque con un paño de algodón toda la grifería de esta zona para que quede brillante y reluciente.

El lavabo

Diríjase ahora hacia el lavabo donde había dejado el cepillo de los azulejos. Humedezca el interior de la pila, y con el mismo cepillo, aprovechando que está empapado de producto limpiador, lave el lavabo. Tenga cuidado de no limpiar la parte superior del mismo porque es bastante difícil e incómoda de aclarar con agua. Más adelante lo haremos con el líquido desengrasante. Una vez limpio el interior de la pila, enjuáguela junto con el cepillo, guarde éste en el carrito, coja la escobilla para el inodoro y el limpiador en polvo y diríjase hacia él.

NO LO OLVIDE

♦ La pila del lavabo es aconsejable lavarla en dos tiempos: primero su interior y después por fuera, una vez hayamos quitado el polvo de toda la habitación y la hayamos ordenado por completo.

El inodoro

Eche polvo limpiador dentro del inodoro y por los lados. Humedezca la escobilla con el agua del váter y eche también un poco de polvos en su superficie. Empiece restregando desde la parte más alta de la taza prestando especial atención al borde interior del mismo, un lugar especialmente acogedor para los gérmenes. Mueva el cepillo de forma circular e introdúzcalo lo más al fondo que pueda. Al más mínimo contacto con el cepillo, el agua se enturbiará, por lo que aconsejamos que trabaje de forma metódica desde arriba hacia abajo de la taza.

Una vez terminado, tire de la cadena y aproveche el agua limpia que baja para enjuagar la escobilla. Acto seguido, sacúdala un poco para que suelte el exceso de agua y, vigilando que no gotee, repóngala en el carrito de la limpieza.

La parte exterior del inodoro, especialmente la cisterna, puede tratarse como un elemento más del mobiliario. Así, se trata de utilizar un trapo de algodón y limpiador líquido con los que retirar el polvo acumulado y las huellas dactilares. No olvide nunca repasar el tirador o la cadena, según sea el caso. Por lo que a la tapa se refiere, suba las dos piezas que la constituyen y rocíe primero la parte interior del asiento, bájelo y rocíe la superior; seguidamente rocíe la parte interior de la tapa, luego la superior y finalmente la pequeña parte de la taza en la que va sujeta la tapa. Con la ayuda de un paño seco, retire y seque las piezas descritas siguiendo un orden inverso, esto es, empezando por la parte de las bisagras. Para conseguir una máxima limpieza de las mismas, utilice el cepillo de dientes y retire la suciedad con el paño de algodón. Asimismo, el cepillo le será de gran ayuda para restregar los bordes de los tacos de plástico que amortiguan la tapa y el asiento en sus partes interiores respectivas.

A continuación rocíe el borde de porcelana de la taza del váter. Incline un poco las dos piezas sujetándolas con una mano, y con la otra repase los goznes en su punto de unión con la taza. Vuelva a levantar la tapa y apóyela contra la cisterna. Acto seguido repase el borde de porcelana de la taza con el paño para eliminar el limpiador y arrastrar la suciedad. Vaya avanzando hacia la base, cuidando de repasar a fondo el cuello de la taza. Al llegar al suelo, frote con el cepillo de dientes la junta de unión entre la base y el pavimento para eliminar cualquier rastro de moho y termine rociándola con lejía para asegurarse una máxima higienización. Repase también con el mismo paño humedecido con el limpiador el área del pavimento que rodea el inodoro y así facilitará la tarea final de fregar. En caso de que su cuarto de baño esté completamente enmoquetado, tenga a mano una escobita para limpiar todos aquellos rincones imposibles de alcanzar con el aspirador.

NO LO OLVIDE

♦ Destine un cepillo de dientes especial para frotar las partes húmedas del cuarto de baño en las que suele acumularse el moho, con el fin de evitar que las bacterias y demás agentes nocivos puedan apoderarse de otras áreas de la casa.

Los espejos

Ha llegado el momento de limpiar la habitación y quitar el polvo a todos los objetos en ella contenidos. Coja, pues, el plumero, la escobita y unos cuantos paños de algodón (de seis a ocho unidades) que le ayudarán a secar los espejos, los objetos y elementos cromados, los estantes de cristal, etc. Empiece avanzando siempre en la dirección de las agujas del reloj, esto es, hacia la derecha, y desde arriba hacia abajo. No olvide nunca cerrar la puerta de la habitación, limpiar el dorso de la hoja y cualquier elemento que ésta pueda esconder, como por ejemplo un espejo o un colgador.

Para limpiar un espejo se debe rociar ligeramente y de modo uniforme su superficie con líquido limpiacristales y frotar con un paño de algodón hasta que quede completamente seco y el producto haya desaparecido. Si en sus espejos suelen quedar marcas y chorreras es sencillamente porque acostumbra a dejarlos húmedos. Séquelos a fondo y las manchas desaparecerán por completo.

NO LO OLVIDE

♦ Líquido limpiacristales, paños de algodón y un perfecto secado son los ingredientes esenciales para obtener un óptimo resultado a la hora de limpiar los espejos.

Las telarañas

Acostúmbrese a echar siempre un rápido vistazo hacia los techos con objeto de detectar alguna telaraña, prestando especial atención a las esquinas, los lugares favoritos de las arañas. Cuando vea una, eche mano del plumero, deshágala y continúe avanzando en su labor. En caso de que la telaraña quedara demasiado alta, utilice alguno de los tubos del aspirador como brazo extensor.

Las toallas

Las barras del toallero suelen necesitar una atención especial, sobre todo el engarce que las sujeta a la pared. Para
ello es muy útil el uso del cepillo de dientes, mucho más rápido y efectivo que el trapo. Una vez haya frotado estas partes y las esquinas del toallero, séquelas a conciencia y, tras
doblar las toallas, repóngalas.

NO LO OLVIDE

♦ El cambio de toallas debe realizarse al menos una vez por semana, siempre dependiendo del número de personas que las utilicen. En una familia numerosa, y especialmente en verano, época en la que se suele aumentar el número de veces en que se utilizan las toallas, es preferible hacerlo cada dos días.

♦ Las toallas pueden lavarse a máquina a temperatura media-alta. Ello nos asegurará la eliminación total de gérmenes y bacterias, que tan fácilmente se reproducen en medios húmedos.

♦ El uso de la lejía está especialmente aconsejado para el lavado de las toallas de mano, siempre y cuando sean blancas o de color claro. Hoy en día el mercado ofrece también un producto similar a la lejía, pero para artículos de color.

El botiquín

Rocíe la superficie superior del armario con líquido limpiacristales, repáselo y séquelo con un paño de algodón. Si el botiquín consta de un estante auxiliar exterior en el que se hayan dispuesto los utensilios propios del baño, como por ejemplo el frasco de desodorante, el tubo de pasta de dientes, la botella de perfume, etc., retírelos de un lado a otro del anaquel y proceda a limpiar la parte libre. Cuide entonces de quitar el polvo a todos estos objetos con ayuda del trapo, y repóngalos en su lugar originario. Si el estante está demasiado lleno para proceder del modo descrito, retírelos hasta una encimera lo más próxima posible, y repita los pasos anteriormente descritos. No es necesario que abra el armario y lo limpie por dentro, pues esta tarea no corresponde a un mantenimiento semanal.

Repase el espejo frontal de la puerta como se ha indicado anteriormente en el capítulo específico. En su parte inferior probablemente encuentre el dispositivo para depositar los cepillos de dientes. Límpielo con un rociado rápido y séquelo. Para limpiar los agujeros que hacen de tope al cabezal del cepillo, introduzca una puntita del trapo en cada uno de ellos y muévala de arriba abajo repetidas veces con el objeto de arrastrar la suciedad.

Últimos retoques

Regrese entonces al lavabo, donde habíamos dejado la parte superior por terminar. Rocíela con líquido desengrasante, frótela con el estropajo blanco, y con la ayuda de un paño retire y seque el limpiador. Recuerde que el interior de la pila ya está limpio, por lo que no debe repetirse el trabajo. La base de los grifos y sus correspondientes engranajes pueden repasarse con el cepillo de dientes y secarse posteriormente con el paño. Los objetos cromados deben secarse también a conciencia con el trapo.

Repase los bajos del lavabo para eliminar cualquier huella, trabajando de arriba hacia abajo. Preste una especial atención a las plantas, a los antepechos de las ventanas, a los cuadros, molduras, etc., y retire el polvo de cada una de estas partes. No olvide la lámpara o luz principal, situada normalmente en el centro del techo. Si en su repaso encuentra algún resto que tirar, échelo en una de las bolsas que lleva en el delantal y tírelo a la basura al terminar todo el trabajo. En ese momento no debe desplazarse hasta el cubo de la basura expresamente.

Antes de alcanzar el punto inicial de partida, repase las puertas de la ducha o de la mampara por fuera con líquido limpiacristales. Concentre su esfuerzo una vez más en la zona próxima al pomo o al tirador. Por último, la parte exterior de la bañera raramente necesita un repaso semanal.

NO LO OLVIDE

♦ Para obtener un resultado óptimo, recuerde que es esencial mimar los elementos más insignificantes, como las plantas, los cuadros, esto es, cualquier objeto decorativo que confiere carácter a su cuarto de baño.

El suelo

Para obtener un resultado inmejorable, aconsejamos tratar el suelo del cuarto de baño trabajando arrodillados. Prepare unos cuantos trapos limpios y secos y limpiador desengrasante y diríjase hacia la parte más alejada de la habitación. Una vez arrodillado, rocíe de modo uniforme un área correspondiente a unos dos metros cuadrados para evitar que los pelos y el polvo se desplacen de un lado a otro. Acto seguido frote la superficie con el paño siguiendo un movimiento metódico de lado a lado en forma de S. A medida que vaya recogiendo pelos y suciedad, proceda a doblar el paño para evitar que se pierdan en el avance. Cuando usted considere que un paño está ya demasiado sucio, coja otro y deposite el primero en el interior de otro tercero con el objeto de hacer al final del día un hatillo con todos ellos que podrá echar directamente a la lavadora. No es necesario secar el suelo.

A medida que avance puede colocar en su sitio la pastilla de jabón que había retirado o el patito del niño, siempre y cuando no sea necesario combatir el moho con ayuda de la lejía. En caso afirmativo y antes de aplicar dicho producto, cerciórese de que la ventana esté abierta. Le aconsejamos utilizarla con ayuda de un rociador, debajo del cual colocaremos un paño para que recoja el exceso de líquido. Es recomendable aplicar el producto gota a gota, directamente en las zonas mohosas a tratar. Seque de inmediato cualquier excedente de producto que pudiera haber caído sobre las piezas cromadas, pues la lejía deteriora el material y ennegrece la porcelana. Asegúrese también de mantener cubierto con un paño la válvula rociadora de la botella para evitar una mancha no deseada en una alfombra o en el pavimento de la casa. Una vez terminada esta última fase, reponga la botella de lejía en el carrito de la limpieza, y una vez transcurridos cinco minutos, retire el excedente de lejía con un aclarado de abundante agua. Éste es el momento de reponer todos los objetos en su sitio (el pato, la pastilla de jabón) y de hacer un último y final repaso a la grifería y objetos cromados.

♦ También puede tratar los suelos del baño con la ayuda previa del aspirador, que eliminará el polvo y los pelos acumulados, y un lavado con la fregona. En dicho caso es recomendable utilizar agua caliente y disolver en ella amoníaco o lejía, pero nunca ambos productos a la vez. Asegúrese siempre de aplicar esta disolución final con la ventana abierta para evitar inhalar los gases nocivos que emanan dichos productos.

♦ En caso de que en su casa haya más de un cuarto de baño, proceda a limpiarlos según se ha indicado hasta el momento.

♦ Si usted dispone en su hogar de un cuarto de baño auxiliar que no suele utilizar muy a menudo, limítese a quitar el polvo de las superficies horizontales y a repasar únicamente las piezas que hayan sido utilizadas. Quitar el polvo suele ser la única labor necesaria para su mantenimiento.

EL POLVO

Prepare el carrito de la limpieza con los siguientes elementos:

◇ 1 botella de líquido limpiacristales
◇ 1 botella de líquido desengrasante
◇ 10 paños de algodón
◇ los accesorios del aspirador
◇ 1 plumero

◇ 1 escobita
◇ 1 alargo de hilo eléctrico de un metro y medio
◇ 1 botella de pulidor de muebles
◇ 1 gamuza
◇ 1 kit de emergencia con:
◇ 1 destornillador multiusos
◇ 1 alicates
◇ 1 correa de repuesto para el aspirador
◇ 1 bolsa de repuesto para el aspirador

No olvide llevar en su delantal:

◇ 1 espátula
◇ 1 cepillo de dientes
◇ 1 hoja de afeitar con mango o cúter
◇ 1 bolsa de plástico con clips para el cierre

Quitar el polvo representa ni más ni menos que limpiar toda la casa, exceptuando la cocina y el/los cuarto/s de baño. Evidentemente, se trata de un trabajo en el que apenas intervienen factores húmedos, por lo que hay que rociar y secar mucho menos. Podría pues definirse como un trabajo «seco» que aunque incluya en el proceso unas cuantas habitaciones, suele ser más rápido que el baño y la cocina porque los suelos no deben tratarse (a menos que haya que recoger alguna gota de algún limpiador).

La estrategia en este caso es similar a la que hemos seguido para la cocina y el baño. Empiece pues en un lugar predeterminado y vaya avanzando por la casa sin regresar nunca a las habitaciones que ya se den por terminadas. Como hasta ahora, trabaje en dirección descendente, esto es, desde las partes más altas hacia las inferiores. Para realizar la tarea de quitar el polvo con plena satisfacción hay que ser absolutamente fiel a este principio, ya que el polvo mantiene un recorrido implacable descendente determinado por la gravedad, tan sólo modificado ocasionalmente por alguna corriente de aire. Así que o se tiene un absoluto respeto por esta ley física, o tendrá que repetir el trabajo constantemente. Es posible que al principio se deje vencer por el irresistible impulso humano de retirar el polvo de los lugares que tiene más a la vista, de los que resultan más fáciles de abordar o sencillamente de los que están frente a usted. Le recomendamos encarecidamente que desista de esta idea. Por el contrario, le animamos a que aprenda a mirar *hacia arriba*, hacia las molduras de los techos, en los marcos superiores de los cuadros, hacia las lámparas de techo, siempre en busca de alguna que otra tela de araña.

Es importante también dejar finalizada la tarea de una vez por todas a medida que vaya avanzando por la casa. Así pues, quite el polvo, friegue las superficies, abrillántelas, páseles el plumero y séquelas en caso de necesidad, pero déjelas siempre acabadas. Para ello, es necesario que vaya aprendiendo a cambiar las herramientas necesarias en cada momento con agilidad y rapidez. Si por ejemplo estuviera usted quitando el polvo de una superficie determinada con el plumero y tropezara con la mancha pegadiza de algún resto de mermelada, coja rápidamente el líquido desengrasante, inmediatamente después el paño de algodón, a la vez guarde el plumero a mano, frote vigorosamente la mancha hasta que desaparezca, guarde el limpiador y el paño, recupere el plumero y prosiga su quehacer como si nada hubiera pasado. Cuando sea usted capaz de coordinar todos estos movimientos con presteza y seguridad, tenga por seguro que dominará el proceso de quitar el polvo a la perfección. Queda, pues, terminantemente prohibido ir y volver a la misma habitación ora para quitar el polvo, ora para pulir las superficies, ora para ordenar los objetos, etc. Se trataría, sin lugar a dudas, de una solemne pérdida de tiempo.

Tanto si trabaja solo como en grupo, su principal cometido es facilitar y reducir el trabajo de aspirado. A lo largo de este capítulo le iremos ofreciendo sugerencias para limitarlo.

NO LO OLVIDE

♦ Una vez más es importante trazar un plan de actuación, saber por dónde iniciar el trabajo y dónde vamos a terminarlo. Ajústelo siempre a su propio hogar, a sus dimensiones y características particulares, si bien aconsejamos partir de la sala de estar, continuar por el comedor, hacer el recibidor y por último los dormitorios.

♦ Antes de iniciar el trabajo, asegúrese de tener a mano todas las herramientas y productos necesarios, y reponga todo lo indispensable previamente.

♦ Prepare cada uno de los utensilios y dispóngalos en el delantal. Una vez haya comprobado que no falta nada puede iniciar el trabajo.

Los paños y el plumero

Cuando empiece a quitar el polvo irá alternando paulatinamente la aplicación del producto y su enjuague con la ayuda de los trapos blancos de algodón. En un principio, éstos estarán completamente secos, pero a medida que se vayan humedeciendo y ya no sean útiles para repasar espejos, cristales, objetos de vidrio, etc., porque dejan marcas, utilícelos para secar otras superficies menos delicadas (paredes de los armarios, altos de los mismos, mesas, barrotes, patas de sillas, etc). Tenga igualmente a mano otro paño seco para seguir trabajando los objetos y elementos acristalados. Utilice los trapos más húmedos para eliminar manchas en el suelo, las huellas dactilares o para quitar el polvo del antepecho de las ventanas, hasta que ya estén demasiado mojados o sucios para cualquier otro tipo de limpieza. En dicho caso, repóngalo por otro y guárdelo en la bolsa de plástico para echarlo más tarde a la lavadora junto con el resto de trapos sucios.

El plumero debe reservarse para quitar el polvo de superficies fáciles, siempre y cuando no hayan acumulado un exceso de polvo. Utilícelo con una mano y mantenga la otra libre. Se trata ante todo de desplazar el polvo desde un lugar hacia el suelo y nunca de removerlo para que quede flotando en el aire y vuelva a depositarse en el mismo sitio. Para conseguirlo se deben realizar una serie de movimientos rápidos y constantes y parar en un punto muerto con el objeto de conseguir que el polvo se deposite en las plumas. De lo contrario, si se sacude el plumero de un lado a otro es cuando únicamente conseguiremos hacer bailar las partículas de polvo por el aire sin conseguir eliminarlas. Tenga en cuenta además que la intención de depositar el polvo en el suelo obedece a la idea de aspirarlo posteriormente. Para hacer desprender el polvo acumulado en las plumas, sacuda de vez en cuando con habilidad el plumero contra el tobillo, vigilando hacerlo bien cerca del suelo. Una vez ahí el aspirador se encargará de eliminarlo.

La sala de estar

Las telarañas. Como en la cocina y el cuarto de baño, trabaje siempre empezando por las partes altas. Las telarañas suelen formarse en las esquinas de los techos, por lo cual es aconsejable que empiece el trabajo mirando hacia las alturas. Cuando haya detectado una, eche mano del plumero, sacúdalo y rompa la malla de la tela de araña. Si no logra alcanzarla, utilice uno de los accesorios del aspirador como brazo extensor y muévalo del mismo modo. Una vez montado este artilugio, repase el estado del techo en toda la sala para evitar tener que ir montando y desmontándolo. Mate las arañas o échelas fuera de su casa si siente remordimientos.

Las huellas de los dedos. Retire el polvo de los paneles de las puertas con un paño o manténgalos simplemente con la ayuda del plumero y limpie las huellas imprimidas alrededor de los pomos con líquido desengrasante. Con el mismo trapo mojado de limpiador repase el interruptor más próximo a la puerta y continúe avanzando hacia su derecha quitando el polvo tanto de las partes más altas como de las bases de los muebles con la ayuda del plumero y marcando movimientos de vaivén. No olvide llegar a un punto muerto después de cada repaso con el plumero. Cambie de herramienta y de producto cada vez que lo considere necesario, aplique limpiador desengrasante y frote con un paño las manchas más resistentes.

Espejos y cuadros. Los cristales de los cuadros suelen precisar únicamente una limpieza húmeda unas pocas veces al año. Para comprobar su estado, deslice ligeramente los dedos limpios y secos por la superficie. Si nota un tacto grasiento o pegajoso, el cristal debe ser lavado. Trátelo entonces con líquido limpiacristales. Rocíe el cristal abundante y uniformemente y séquelo a conciencia para evitar que queden restos y rayas. Ejerza movimientos circulares anchos, vigilando no olvidar las esquinas. Sujete el marco con una mano y frote el cristal con la otra, procurando mantener siempre la estabilidad del cuadro para evitar rupturas.

Para comprobar el resultado de su trabajo sitúese frente a él intentando ver reflejada su imagen. Haga esta comprobación estableciendo un ángulo lo más cerrado posible; cuanto más de lado se mire mayor será la fidelidad de la prueba.

Una vez haya terminado de limpiar un espejo o el cristal de los cuadros es muy probable que no deba repetirlo hasta pasadas unas semanas o incluso meses. Limítese tan sólo a quitar el polvo del cristal y del marco semanalmente para mantenerlo en condiciones.

Las marcas en las paredes. A medida que vaya quitando el polvo, repase las paredes en busca de manchas o huellas. En caso de encontrar alguna, aplique líquido desengrasante y frote con un paño. También suele ser eficaz utilizar una goma de borrar. En dicho caso, vigile que sus cantos estén perfectamente limpios, de lo contrario tan sólo conseguirá extender y hacer resaltar aún más la mancha. Asimismo, compruebe en la parte inferior de las paredes si hay alguna astilla que pudiera haberse desprendido del suelo (especialmente en los pavimentos de parquet). En caso afirmativo, recójalas con el trapo.

El canterano o mueble auxiliar. Limpie primero la superficie superior del canterano. Con la ayuda del plumero y ejerciendo movimientos de arrastre, quite el polvo de la pantalla de la lámpara, limpie la bombilla, seguidamente la base y el pie de la misma y todos los objetos que pudieran estar dispuestos encima del mueble. Puesto que el canterano es un mueble auxiliar, es muy probable que no requiera ser pulido semanalmente con un producto alimentador de muebles. Aun así, repáselo con el paño que esté al uso, humedecido con dicho producto. Para nutrir la madera, aconsejamos utilizar una cera o un aceite (de limón, rojo, etc.), y ser constantes y fieles en su uso. Cuando nos hayamos inclinado por uno u otro producto no debemos intentar compaginarlos jamás, pues son completamente incompatibles. La elección de uno u otro alimentador depende del tipo de madera a tratar y de las preferencias personales de cada consumidor puesto que ambos cumplen perfectamente sus funciones reparadoras.

Al ir limpiando los objetos dispuestos encima del mueble auxiliar, trabaje, como de costumbre, de arriba hacia abajo. Utilice primero el plumero para las lámparas y objetos poco sucios, un trapo para aquellas piezas que requieran una limpieza más profunda y un paño embebido en un producto de pulido para el canterano propiamente dicho. La limpieza y el movimiento de pequeños objetos suele conllevar pequeños accidentes y rupturas; trabaje, pues, con cuidado y delicadeza, procurando prestar mucha atención para con los objetos que se lleva a las manos. Utilice ambas manos cuando deba cargar con algún objeto pesado, de valor irreemplazable o que esté compuesto por más de una pieza. Evidentemente, desaconsejamos por completo arrastrar un pedestal en cuya parte superior se haya dispuesto algún objeto decorativo valioso. Las probabilidades de que llegue a caer son altísimas. Evite, pues, situaciones de riesgo. Siendo metódico y paciente casi nunca deberá lamentar un incidente no deseado. Por último, sea muy prudente también con los objetos pesados: nunca deben ser arrastrados por encima del mueble o del pavimento, pues de lo contrario su paso dejará grabados de por vida surcos y rayas en sus superficies.

En caso de que el canterano repose sobre un pavimento de madera, aproveche los movimientos del plumero para retirar el polvo acumulado alrededor de los pies y debajo del mueble, con el objeto de ahorrar trabajo en el momento en que aspiremos. Hay que pensar que estos puntos suelen ser muy difíciles de alcanzar por la aspiradora y que como consecuencia se llegan a dibujar unos anillos de suciedad alrededor de las patas, difíciles de eliminar con el paso del tiempo. En caso de que el mueble estuviera dispuesto sobre una alfombra o una moqueta, realice el mismo ejercicio, pero esta vez retire el polvo con la ayuda de la escobita. Asimismo, una vez al mes como mínimo mueva el mueble de sitio y con la ayuda de un cepillo de cerdas fuertes levante el pelo que ha quedado apelmazado por la presión del cantero. De este modo evitará dejar marcas imborrables en la moqueta o en la alfombra y podrá limpiar con mayor profundidad debajo del mueble.

El tresillo. El mantenimiento del tresillo dependerá en gran medida del material con que esté construido. Aun así, se trate de un tipo o de otro, todos ellos deben ser sometidos a la tarea de quitar el polvo. En caso de que su tresillo sea de madera, aconsejamos retirar el polvo con un paño de algodón humedecido con un producto alimentador/pulidor de madera. Una vez más puede inclinarse por un artículo compuesto de ceras o por otro, mezcla de aceites. En ambos casos el resultado obtenido será el de un mueble lustroso y vivo, brillante y luminoso. Si el supuesto tresillo incluye unos cojines, éstos deberán ser aspirados a conciencia. En gran medida, las características del tejido en que estén realizados condicionarán el resultado de su lavado. Puede darse el caso de que un simple cepillado los deje en perfecto estado, pero hay que tener presente que algunos tejidos y materiales retienen la suciedad (polvo, migas, hilos, pelos de animales domésticos, etc.) como si de un adhesivo se tratara. En estos casos es muy probable que el cepillado sea insuficiente y que se requiera además un aspirado potente e incluso un retoque final con cepillos adhesivos que terminan de retirar el más mínimo resto de suciedad. Asimismo, el color elegido para la tela de los cojines y a su vez el de la tapicería de un tresillo determinará en gran medida la sensación de limpieza o de suciedad. Es fácil imaginar que una tela de colores claros suele verse siempre más rozada y atrasada que otra más oscura, si bien hay que tener en cuenta que lo ideal consiste en tapizar estas piezas de mobiliario con telas cuyos motivos sean un poco abigarrados y de colores más bien oscuros, pues las piezas lisas y oscuras también suelen poner en evidencia la acumulación de polvo y suciedad. La frecuencia de aspirado dependerá de lo polvoriento que sea su entorno y de si es usted más o menos descuidado.

A la hora de quitar el polvo de las piezas trabajadas con materiales textiles, empiece siempre por la parte superior y avance en sentido ascendente. Comience cepillando la parte alta del cabezal que al ser horizontal suele acumular más restos que otra. Prosiga por el respaldo delantero, continúe con el reposabrazos, el asiento propiamente dicho y las faldas delanteras y laterales. Acto seguido retire el polvo de la espalda del mueble y termine por las patas. Si son de madera, aliméntelas con cera o aceite. Acto seguido, retire los cojines, en caso de que los hubiera, y arrastre la suciedad acumulada en la base del tresillo. Si el resultado puede considerarse suficientemente limpio, no aspire. En caso de que usted valore necesario un aspirado actúe siguiendo el mismo orden sugerido para el cepillo/escobita. Sea muy cuidadoso cuando aspire el tresillo y no olvide de valorar el tipo de tejido con el que se enfrenta, pues la potencia del aspirador puede dañar el material, arrastrar borlas, botones y pasamanerías, debilitar el tejido y acelerar su deterioro. Trabaje, pues, a una potencia media y utilice sólo la fuerza extra para ocasiones determinadas en que la suciedad sea muy rebelde.

Por último, si el tresillo es de piel (cuero o napa) o de piel artificial (skay), retire el polvo con el aspirador en caso de la napa o con un paño humedecido con líquido desengrasante para el cuero y el skay. Los tres materiales también pueden ser aspirados y tratados con productos específicos. Para eliminar una mancha de grasa reciente, extienda un poco de polvos de talco sobre la misma, espere unos minutos a que los polvos chupen la grasa y cepille con fuerza. Para recuperar los colores vahídos aconsejamos embeber un paño de algodón con agua caliente y vinagre y restregar las superficies del tresillo con el trapo muy escurrido. Cuando se haya secado, los colores volverán a resaltar brillantes.

Las plantas. Con la ayuda del plumero, retire el polvo de toda la planta y posteriormente, mediante un trapo húmedo, repase una por una las hojas, sujetándolas con la palma abierta de la mano para evitar que se rompan. Arranque todas las hojas mustias y amarillentas que pudieran afear la planta y hacerla parecer descuidada.

Los marcos de las ventanas. Repáselos desde arriba hacia abajo con un paño húmedo para arrastrar el polvo. Asimismo, con el mismo paño o con el plumero, sacuda la parte superior de las cortinas para eliminar el polvo acumulado.

La librería. Empiece una vez más por la parte superior de la misma, retirando el polvo con un paño húmedo. Asimismo repase la parte libre de los anaqueles y la parte superior de los libros contenidos, los primeros con el paño y los segundos con el plumero. Repase también las paredes laterales de la librería, en caso de tratarse de un mueble exento. Únicamente deberán retirarse los libros de los estantes cuando se decida hacer una limpieza a fondo. Para un mantenimiento semanal, los movimientos indicados son suficientes.

La mesa auxiliar. Situada frente al tresillo o entre éste y la chimenea, la mesita auxiliar precisa una vez más de un rociado de líquido para pulir madera. Extienda el producto con un paño por toda la superficie mediante movimientos de frotado e insista hasta que haya desaparecido completamente y la mesa quede seca. Con la ayuda del plumero, retire el polvo de los objetos expuestos (ceniceros, encendedores, jarrones, etc). Prolongue los movimientos hacia las patas y esta vez forre el brazo de las mismas con el paño para ejercer movimientos ascendentes y descendentes.

La puerta de entrada. Repase los marcos de la puerta y las hojas de la misma desde arriba hacia abajo con el paño y el limpiador. Preste atención a las posibles huellas que pudieran haberse dibujado alrededor del pomo. Frótelas con el paño embebido en líquido desengrasante. Finalmente, repase el pomo con el trapo y las bisagras con el cepillo de dientes.

El televisor, la mini cadena y el vídeo. Sacuda el polvo con el plumero tanto de las superficies laterales como de las superiores, siempre y cuando los aparatos estén bastante limpios. En caso de que haya huellas marcadas, retírelas cuidadosamente con el paño mojado en líquido desengrasante, procurando no frotar con mucho vigor ni tocar partes delicadas que pudieran estropear los aparatos. Limpie la pantalla del televisor con un trapo y líquido limpiacristales. Retire, finalmente, el polvo acumulado en los hilos de conexión, cubriéndolos en su totalidad con el paño y empezando por el punto de conexión con el aparato hasta llegar al enchufe. Una vez ahí, retire el polvo del mismo enchufe.

El teléfono. Al ser uno de los objetos más usados de la casa, es muy posible que prácticamente no se acumule polvo en él. De todos modos, límpielo con el paño humedecido con líquido limpiacristales y evite rociar directamente el producto sobre el teléfono pues los agujeros y rincones que lo componen dificultan mucho su secado. Tan sólo se debe recurrir a este sistema cuando el aparato esté muy sucio. Disuelva entonces la suciedad incrustada frotando con el cepillo de dientes y retírela con el trapo de algodón para evitar que queden marcadas las huellas dactilares. Para desenredar el cordón, desenchufe uno de sus extremos y con el auricular colgando hacia el suelo, permita que recupere su posición normal. Asimismo, una vez desenchufado del cuerpo central del teléfono, haga un ovillo con el cordón, sitúelo encima de un trapo y rocíelo generosamente con limpiacristales. Acto seguido frótelo con el paño intentando seguir la espiral del cordón. Vuelva a enchufar el cordón cogiéndolo esta vez con el paño, repase el cuerpo central del teléfono y finalmente el auricular.

NO LO OLVIDE

- Hágase siempre un plan de actuación antes de empezar el recorrido de limpieza en una habitación. Ello le ahorrará tiempo y esfuerzo.

- El plumero debe utilizarse tan sólo en las piezas que estén compuestas por unos cuantos elementos y que por ello sean más incómodas de limpiar. Se trata de mover el polvo desde éstas hacia el suelo, y ahí recogerlo con el aspirador.

- En superficies lisas y grandes, utilice los paños de algodón. Embébalos en líquido limpiacristales cuando las manchas a tratar sean poco rebeldes y en líquido desengrasante cuando éstas procedan de sustancias más grasientas, como las manos o algún resto de comida.

El comedor

Para abordar el comedor, repita los movimientos descritos en el apartado anterior, esto es, trace un plan de actuación antes de iniciar el trabajo y determine por qué lado de la habitación es preferible empezar. En dicho recorrido, sugerimos que repase los marcos de la puerta de entrada en el mismo momento de empezar, así como las hojas de la misma, diferenciando en el tratamiento en caso de que el material sea cristal, madera, contrachapado, fórmica, etc. En todos los casos, aconsejamos retirar el polvo con la ayuda del trapo embebido en líquido limpiacristales y acto seguido secar la superficie tratada con otro trapo. Trabaje una vez más de arriba hacia abajo, arrastrando la suciedad hasta el suelo y haga especial hincapié en las manchas que suelen acumularse alrededor del tirador –trátelas con líquido desengrasante–, sin olvidar limpiar los goznes y bisagras con el cepillo de dientes.

A continuación, diríjase hacia el *buffet*. Retire las botellas del mueble bar una a una si están muy atrasadas y repáselas con limpiacristales y un trapo a medida que vaya apartándolas. Una vez terminado este primer paso, quite el polvo de la parte alta del mueble, deslizando el paño hacia la base en la que estaban dispuestas las botellas. Rocíe con limpiacristales el espejo del *buffet* y espárzalo por toda su superficie efectuando movimientos circulares. Termine la fase del lustrado con un paño absolutamente seco. Con el otro trapo humedecido con líquido limpiacristales, repase la superficie de la encimera. Si es de mármol, el producto seleccionado es el adecuado, pero en caso de que esté trabajado en una hoja de madera, aplique un producto pulidor o alimentador, rico en ceras o en partículas oleosas. Acto seguido, prolongue el repaso hacia la parte delantera inferior del mueble, cuidando mucho las cerraduras, tiradores y bisagras. Termine por retirar el polvo de las patas, procurando evitar que se formen anillos de polvo a su alrededor.

En cuanto a la mesa central del comedor, repase su superficie con un paño de algodón. Acto seguido, trabaje una a una las sillas que la rodean. Empiece por el respaldo, continúe por el asiento –cepíllelo con la ayuda de la escobita o del cepillo– y termine repasando las patas. A medida que vaya terminando cada una de las unidades, y después de haber limpiado la superficie de la mesa, vaya subiendo las sillas a la mesa de modo que el asiento toque con la tabla horizontal de la misma. Ello le permitirá limpiar a fondo debajo de la misma y dejar impoluto el suelo cuando deba proceder a limpiarlo. Así pues, repase las patas de la mesa una a una, la parte interior de la hoja central y cualquier travesaño que pudiera hallarse en su estructura. Tenga presente que retirar el polvo de cualquier mueble es muy sencillo cuando sus superficies son lisas. En caso de que estén ornadas con acanaladuras y estípites, repase estos elementos decorativos con el cepillo de dientes para evitar que se almacene suciedad entre las hendiduras.

Trate los demás elementos contenidos en el comedor, tales como las paredes, los cuadros, las cortinas, las ventanas, las plantas y cualquier clase de asiento, a partir de las indicaciones incluidas en el apartado anterior referido a la sala de estar. Ahora bien, siguiendo siempre a pies juntillas el plan de actuación trazado en su mente antes de iniciar la tarea.

El recibidor

Una vez en el recibidor, retire el polvo de la habitación de la misma manera que ha procedido hasta el momento en las otras dos grandes áreas de la casa. Inicie la tarea por la puerta principal, retirando el polvo con la ayuda de un paño y de líquido limpiacristales. Vigile en esta zona las rozaduras y manchas que pudiera haber en la pared, pues suele ser una habitación de dimensiones más bien reducidas, en la que, no obstante, suelen acumularse gran cantidad de objetos domésticos que dificultan el libre paso de otros elementos, haciendo que éstos rocen. Una vez terminada la hoja interior de la puerta de entrada, límpiela por fuera, cuidando de alimentar la madera con un producto específico y lustre a continuación los tiradores y la cerradura con líquido para metales. Acto seguido, retire el polvo de la mesita auxiliar de la entrada o del arcón, o de cualquier elemento de mobiliario que haga de soporte horizontal sobre el que depositar las llaves, el correo y demás artilugios. Para ello recurra una vez más al uso del paño de algodón embebido en líquido limpiacristales y trabaje desde la parte superior del mueble avanzando hacia la base inferior, haciendo siempre especial atención a los elementos decorativos que pudiera presentar el mueble. Asimismo, retire el polvo del silloncito de la entrada, empezando por el respaldo, continuando por el asiento y terminando por las patas. En caso de que se trate de un asiento tapizado, cepille el tapizado con movimientos circulares y vigorosos para eliminar bien el polvo y recuperar el brillo de los colores originarios. Si la tapicería presenta alguna mancha, lávela en seco. Opte, en primer lugar, por frotar la mancha con el cepillo de dientes, aplicando directamente unas gotitas de líquido jabonoso para telas delicadas. Seque el cerco con un paño seco, presionando la superficie con el mismo, con el objeto de que éste recoja toda la humedad sobrante. Finalmente deje secar. Si la mancha es muy rebelde o duda usted de la resistencia de los colores que componen la tela, utilice un limpiador espumoso específico para el tratamiento de superficies textiles. Las espumas suelen aplicarse en seco y tan sólo deben retirarse con un cepillo tras un breve lapsus de tiempo. Este último método es de gran eficacia para las manchas de grasa. Asimismo, ayuda a recuperar el tono general de un tapizado cuando lo único que ha perdido es la virulencia de sus colores debido a una exposición prolongada a los efectos del polvo.

Los dormitorios

Una vez más, empiece retirando el polvo del quicio de la puerta, desde la parte superior hacia el suelo. Asimismo, repase la puerta tanto por dentro como por fuera y continúe avanzando por su izquierda. Repase los marcos de los cuadros y demás ilustraciones que adornen la pared, así como el cristal que los cubre con el paño embebido en líquido limpiacristales. En un hipotético dormitorio posiblemente encontremos un escritorio o la misma cama arrinconados en una esquina de la habitación. Proceda en ambos casos a retirar el polvo como de costumbre (con el paño y el líquido limpiacristales) desde la parte más alta hasta la más baja y preste la atención necesaria para eliminar el polvo de los rincones más difíciles, imposibles de alcanzar con el aspirador. Así, con ayuda del cepillo o escobita, retire las bolas de polvo y levante el pelo de pavimentos tales como moquetas o alfombras. De lo contrario, el pelo se verá siempre polvoriento en esas partes. Trate las demás piezas de mobiliario, tales como la librería, los estantes, sillas o silloncitos, etc., según se ha indicado en apartados anteriores.

Pavimentos

La pizarra, como todas las piedras naturales, debe tratarse, inmediatamente después de ser colocada, con jabón negro, enjuagada a fondo y secada con mucho cuidado mediante el uso de una fregona de pelo natural de algodón. Recomendamos dividir la superficie a tratar en pequeñas zonas para obtener un resultado óptimo. El encerado o la aplicación de productos oleosos están contraindicados si el pavimento no está todavía perfectamente seco. Si bien no se trata de una prohibición, desaconsejamos encerar los pavimentos de piedras naturales porque se pierde su aspecto satinado natural y además porque dicho acabado se convierte en una servidumbre para el ama de casa.

Tras un primer lavado, es necesario aplicar sobre el pavimento de pizarra y con la ayuda de un pincel ancho, una o dos capas de algún producto oleoso, con el objeto de nutrirlo, endurecerlo y protegerlo. Esta aplicación es recomendable para cualquier suelo tratado con materiales porosos o naturales, pues le confiere un bonito aspecto satinado en los posteriores repasos con paño seco. El mantenimiento semanal se limita a un repaso con la fregona humedecida y esporádicamente se pueden añadir unas gotas de jabón al agua de fregar. Acto seguido, aclarar abundantemente. Tan sólo deberá repetirse el uso del jabón negro para grandes ocasiones, cuando se decida llevar a cabo una limpieza más profunda. En ese caso, es necesario enjuagar abundantemente las áreas tratadas y secarlas concienzudamente con el mocho de algodón o con un trapo también de algodón o de lana.

Tras un primer lavado de un pavimento de *mármol*, puede tenerse en consideración la posibilidad de un encerado que habría que pulir con la ayuda de un paño de algodón blanco. Para su mantenimiento, hay que actuar del mismo modo que con la pizarra. Esta consideración puede extenderse también para un suelo de *granito*.

Si el pavimento de su casa es un *enlosado* reciente, puede darse el caso de que aparezcan unas manchas blanquecinas a causa del secado, sobre todo en losas de tierra cocida. Se trata de una subida alcalina del cemento que puede combatirse con la aplicación de agua avinagrada en pequeñas zonas. La operación puede repetirse tantas veces como sea necesario. Si los restos del cemento ya son antiguos, recurra a un producto compuesto por ácido clorhídrico rebajado en agua utilizado por los profesionales de pavimentos, que asegura una correcta disolución del elemento. Para obtenerlo, diríjase preferiblemente a las tiendas especializadas en suelos o en productos de limpieza.

Para los pavimentos de *losas porosas*, tales como el gres y algunas tierras cocidas, se recomienda aplicar algún producto oleoso que endurece el nudo de las losas, le confiere un agradable aspecto satinado y lo protege contra las manchas y rayadas. Contrariamente, se desaconseja el encerado de dichos pavimentos. Es una tarea muy difícil de mantener en perfecto estado. Aun así, si usted ha optado por esta solución o si se encuentra con un pavimento que ya ha sido tratado de dicho modo, limítese a un encerado anual y reduzca la cantidad de producto utilizado al máximo. Para el mantenimiento semanal de los suelos tratados con materiales oleosos, utilice simplemente agua y en caso de que esté bastante sucio añada unas gotas de jabón o unos copos al cubo del agua. Para un lavado en profundidad, el jabón negro cumple con creces los requisitos y requiere tan sólo un enjuague generoso.

Finalmente, en cuanto a las *superficies esmaltadas lisas* se refiere, como el gres de gran calidad tratado al fuego y de aspecto satinado, lo ideal es utilizar agua ligeramente jabonosa o con algunas gotas de amoníaco. Nótese que hay que utilizar uno u otro recurso; jamás debe mezclarse el amoníaco con otros productos limpiadores. De vez en cuando puede utilizarse también un producto líquido específico, que proteja y satine dichos pavimentos.

NO LO OLVIDE

♦ Para el mantenimiento corriente de los pavimentos de pizarra, mármol y granito tan sólo es necesario pasar el mocho húmedo con agua corriente y ocasionalmente un poco de jabón.

♦ Para el pulido frecuente de dichos suelos utilice una escoba con pelambre de algodón.

♦ Jamás deben utilizarse sobre las losas de piedras naturales productos en polvo, productos ácidos o lejía.

Otro pavimento muy clásico en las casas, sobre todo en ambientes medianamente fríos o muy fríos, es el *parquet*. Cabe establecer una diferencia en función del acabado que se haya aplicado a las láminas de madera que lo definen. Así, existe el parquet industrial a modo de mosaico que se pule tras su instalación, el de láminas engarzadas y sujetas con la ayuda de clavos, cuyo acabado también se aplica después del montaje, y los que han sido barnizados o vitrificados con anterioridad a lo largo del proceso de fabricación. En el caso de estos últimos, el tratamiento de partida condiciona directamente su mantenimiento.

En cuanto a los parquets no tratados en fábrica se refiere, tras ser instalados, pulidos y después de retirar el polvo que dichas actividades conllevan, pueden ser manipulados de diferentes modos. En primer lugar pueden ser tintados tanto al agua como con pigmentos disueltos en alcohol, con el objetivo de otorgarles el matiz cromático deseado y para hacer resaltar las vetas de la madera elegida. Este último proceso, caracterizado por su rápido secado, está recomendado cuando posteriormente se quiera vitrificar la madera. Una segunda opción consiste en teñir y proteger simultáneamente, con tintes ricos en cera –hacen brillar la madera a la vez que la colorean–, tintes a base de resina sintética –protegen los suelos contra las manchas de grasa, por lo que son ideales para la cocina y para pavimentos que no se quiera barnizar– y productos de impregnación, conocidos como «lasure», muy resistentes a los efectos de los rayos ultravioletas y óptimos para exteriores. El colorido que presentan suele ser un tanto llamativo.

Para el mantenimiento del parquet sugerimos lo siguiente:

Parquet vitrificado: un repaso regular del aspirador o de una escoba blanda es suficiente. De vez en cuando se puede complementar este repaso con un mocho ligeramente húmedo. El agua y la cera están contraindicados.

Parquet barnizado: su mantenimiento se reduce al paso del aspirador y muy de tanto en tanto a un repaso con la mopa o la escoba de pelambre de algodón impregnados con líquido abrillantador de barnices, a fin de conservar y reforzar su aspecto brillante.

Parquet encerado: quite el polvo con la ayuda de la mopa de algodón o con una escoba de pelambre algodonosa. Aplique con cierta frecuencia y en cantidades reducidas cera con el fin de alimentar la madera. Evite una aplicación desmesurada del producto, pues su abuso reseca la madera y conlleva un agrietamiento del pavimento que sólo puede solucionarse con pulidos industriales completos y decapados, agresivos para la madera.

Pavimento con tablas de madera blanca: se lava con agua y unos copos de jabón negro y se friega con un cepillo de cerdas naturales. Para blanquear la madera pueden añadirse unas gotas de lejía al agua del aclarado.

El *corcho* es otro material utilizado para el revestimiento de suelos. Se encuentra con un acabado barnizado o recubierto con una capa de PVC (un material plástico). Ambas formas lo convierten en un pavimento extremadamente resistente, capaz de soportar el efecto cáustico de los ácidos. El suelo de corcho permite ser aspirado, barrido y fregado con una bayeta o un mocho húmedos. Se desaconseja el uso de lejía y de detergentes para su lavado. En caso de manchas resistentes utilice unos pocos copos de jabón blanco suave, enjuague abundantemente y airee la zona tratada para conseguir un secado rápido y evitar que se hinche y se levante el corcho.

- Para encerar un pavimento de madera hay que calentar la cera de abeja al baño María, aplicarla en estado líquido mediante un pincel ancho procurando que quede una capa muy fina, dejar secar, administrar unos retoques directamente a mano con una esponja impregnada de cera, dejar secar de nuevo y finalmente sacar brillo con un cepillo.
- Para el mantenimiento del parquet vitrificado utilice el aspirador o un cepillo de cerdas suaves.
- Para el mantenimiento del parquet barnizado utilice indistintamente el aspirador o una escoba de pelambre algodonosa (mopa).
- Para el mantenimiento del parquet encerado el utensilio óptimo es la mopa o en su defecto una escoba de pelambre algodonosa.
- El mantenimiento de los pavimentos de madera blanca se realiza con agua y jabón negro, aplicados mediante un cepillo de cerdas naturales.

En cuanto al linóleo, tras su aplicación tan sólo hay que utilizar una bayeta húmeda o una escoba para su mantenimiento. Al cabo de un mes puede utilizar agua jabonosa (con un detergente suave) aplicada con mesura. Para encerar el linóleo, los líquidos de autoencerado son los más prácticos y tan sólo hay que repasarlos con un trapo para su mantenimiento. El alcohol de quemar, la lejía, el amoníaco, los polvos jabonosos o el tricloretileno están contraindicados para los suelos de linóleo.

Para los pavimentos de *vinilo* el agua clara es su mejor aliado y esporádicamente pueden aplicarse productos protectores y abrillantadores. En cuanto a las prohibiciones, son idénticas a las anunciadas para el pavimento de linóleo.

El *enlosado de caucho* nunca debe tratarse con grandes cantidades de agua. Es un suelo que tolera jabones neutros como los lavavajillas o el jabón blanco y puede ser tratado con cera autoabrillantadora. Sus máximos enemigos son los disolventes y la gasolina.

NO LO OLVIDE

♦ Para los suelos tratados con materiales de características flexibles y ligeras y de propiedades tales como la impermeabilidad y la elasticidad, el mantenimiento debe realizarse simplemente con agua en la mayoría de los casos, reforzada esporádicamente con unas gotas de jabón neutro. Aplicar la mezcla jabonosa con una bayeta o con el mocho siempre bien escurridos.

♦ Los enemigos declarados de los pavimentos flexibles son el alcohol de quemar, la lejía, el amoníaco, el jabón negro, los polvos jabonosos abrasivos y el tricloretileno.

Uno de los pavimentos preferidos en los hogares norteamericanos, así como en los de los países fríos es la *moqueta*. Una vez instalada una moqueta de pura lana en su casa, espere a que transcurran algunas semanas o incluso meses para aspirarla, pues durante este período de tiempo irá echando una pelusa lanosa que hay que retirar con una escoba o cepillo de cerdas semiduras. Una vez haya terminado este proceso, es momento para utilizar el aspirador.

El mantenimiento de la moqueta depende en gran medida del lugar que ocupe dentro del hogar, pues en lugares muy transitados (el recibidor, la sala de estar, la salida de la cocina, etc) este tipo de pavimento sufrirá mayor desgaste. Aun así, hablando siempre de moquetas de origen animal (lana, algodón) o artificial (acrílicos), es conveniente hacer un repaso diario con un aspirador manual en los lugares estratégicos (comedor). Cada tres o cuatro días conviene pasar el aspirador y emplear el cepillo retráctil para las moquetas de pelo largo o del tipo terciopelo. Estos accesorios suelen llevar incluida una banda autoadhesiva que recoge los pelos e hilos que quedan pegados en el suelo de moqueta. Con una periodicidad mensual es recomendable emplear el accesorio del aspirador que aparta el pelo y absorbe el polvo acumulado en su base. Finalmente, y con carácter anual, es necesaria una limpieza a fondo con espuma seca. Asegúrese de utilizar un producto de gran calidad, porque estas fórmulas suelen dejar, tras el secado, una capa grasienta que favorece y acelera el proceso de envejecimiento de la moqueta. Para comprobar la calidad de la espuma, rocíe el producto sobre un retal de la moqueta a probar y déjelo secar durante toda la noche sobre el radiador o cualquier otra fuente de calor. Si al día siguiente, al pasar los dedos por la superficie, usted notara que quedan residuos grasos o pegajosos, por muy inapreciables que sean, deséchelo y considere la posibilidad de probar otro. Su moqueta se lo agradecerá y, a la larga, su inversión será más rentable.

Por lo que al mantenimiento de las moquetas vegetales se refiere, esto es el *coco*, el *sisal* y el *yute*, lo más eficaz, cómodo y sencillo es pasar el aspirador, o, en su defecto, una escoba de cerdas vegetales. Para devolverles el brillo del principio y eliminar las manchas hay que procurar tratarlas inmediatamente y, con ayuda del filo de un cuchillo, retirar el excedente de material que mancha, rascando siempre hacia el centro para evitar que la suciedad se expanda. Acto seguido, impregnar un trapo de algodón con producto quitamanchas –jamás debe aplicarse el producto directamente sobre la superficie a tratar–, y aplicarlo mediante toques –nunca frotando– a la mancha. Cambie de trapo tantas veces como sea necesario y trabaje desde el centro de la mancha hacia los límites de la misma. A continuación, aclare con una esponja y recubra la zona tratada con un pañuelo de algodón o de papel para que absorba la humedad. Deje secar la mancha aplicando encima del papel absorbente un peso y cambie la hoja de papel regularmente. Al cabo de cinco o seis horas, cepille la zona tratada para eliminar cualquier resto de producto limpiador y para recuperar el tono característico de la textura del pavimento. En caso de que no pudiera actuar de inmediato, mantenga húmeda la mancha con un poco de agua, ya que las manchas secas son mucho más difíciles de eliminar. Este método es igualmente eficaz para las moquetas de pelo y el cepillado final sirve para levantar sus hebras, recuperar el color y dar uniformidad al suelo.

NO LO OLVIDE

- Para evitar que el pelo de la moqueta quede chafado por la presión de las piezas de mobiliario, coloque pequeños trocitos de moqueta debajo de los pies de los muebles o debajo de cualquier objeto pesado. De lo contrario, el peso excesivo llegaría a agujerear la moqueta en esos puntos y sería imposible reparar el daño.

- La aplicación de un producto que contenga flúor provoca en la moqueta la formación de una película protectora contra las manchas que permite eliminarlas si se actúa con rapidez. En caso de necesidad, ayúdese con una esponja húmeda.

- La humedad y el fango son los peores enemigos de la moqueta, por lo que se aconseja secarse los pies en el felpudo antes de entrar en casa y cambiar de calzado inmediatamente.

- Si encuentra un hilo de la trama asomando, no tire de él, córtelo.

- Si algunas de las habitaciones de su casa están enceradas, tenga cuidado, porque la cera es uno de los peores enemigos de las moquetas: los pelos y el polvo se pegan indefectiblemente a ella.

- Para evitar tener que repetir el mantenimiento de los lugares más transitados de una casa o de aquellas partes que unen habitaciones con pavimentos distintos, aconsejamos disponer en el suelo retales de la misma moqueta a modo de felpudo. Son más fáciles de cambiar, se pueden esconder cómodamente en caso de visitas y alargan la vida de las moquetas.

El mercado ofrece una gran variedad de máquinas aspiradoras para uso doméstico, cuyas diferencias básicas estriban en la potencia de succión y en los accesorios que presentan. Evidentemente, cuanto más potentes sean, más se simplificará el trabajo de aspirado en su casa, pero, a menos que disponga usted de una enorme mansión, inclínese por un aparato medio cuyas prestaciones encajen con sus necesidades reales. Cabría hacer otra distinción entre aquellos aparatos que van directamente conectados a la red eléctrica todo el tiempo en que dura el aspirado, y aquellos que funcionan gracias a una batería que, a su vez, se recarga con electricidad. El primer tipo es en realidad el que usted puede necesitar en su casa, pues las aplicaciones del segundo se reducen a recoger cantidades pequeñas de suciedad (las migas sobrantes encima de una mesa, restos de tierra que se han caído de un tiesto tras un golpe involuntario, cuando se desparrama el azúcar involuntariamente encima del mármol de la cocina), esto es, funciona a modo de escoba y recogedor a la vez. Así pues, opte por cualquier ejemplar del primer tipo, procurando no olvidar que debe ser un artefacto manejable, cómodo y fácil, además de potente. Asimismo, compruebe que incluye todos aquellos accesorios que permitan alcanzar cómodamente los rincones más difíciles y las superficies más rebeldes.

Cuando empiece a aspirar, elija un interruptor de la casa cuya situación le permita recorrerla de arriba abajo sin necesidad de retroceder en busca de otro porque la cuerda no alcanza. Para evitar este problema, utilice un alargador de cable eléctrico y tenga presente que hay que enchufarlo en el lugar preciso que le permita mantenerlo siempre detrás de usted. Piense que trabajar con el cable por medio se convierte siempre en un engorro y de lo que se trata es de agilizar al máximo sus movimientos y aprovechar su rendimiento y esfuerzo. Por último, cuide también, a la hora de adquirir su aparato, las características ergonómicas del brazo y el asidero, procurando evitar movimientos perjudiciales para su espalda y sus brazos.

Una vez inicie el aspirado, recomendamos trabajar de izquierda a derecha (o desde el punto más apartado de la puerta hacia la misma) y dividir el espacio total en tres o cuatro partes iguales para evitar dejar rincones sin tratar. Vaya usted aspirando con una mano (de ahí que tenga que ser un aparato ligero y funcional) y con la otra retire los muebles que vaya encontrando a su paso. Para evitar estos movimientos incómodos que ralentizan la tarea, recomendamos alzar todas las piezas que sea posible, es decir, suba las sillas encima de la mesa, apoyando el asiento sobre la tabla, retire en una superficie elevada las plantas no demasiado crecidas, saque fuera de la habitación los radiadores, etc., y proceda a aspirar libremente. Los movimientos de aspirado responden a un avance y retroceso constantes de aproximadamente medio metro. Primero se debe dibujar el movimiento en vertical y a continuación para ir avanzando trazarlo en diagonal o de lado. Mantenga la caja del aspirador en el lado contrario a la dirección en que avance, de modo que no le entorpezca. Las áreas menos pisadas necesitan una atención menor que las centrales. Así pues, invierta poco esfuerzo en las primeras y repase tantas veces como sea necesario las segundas. En caso de suciedad rebelde, aplique el accesorio específico para cada caso, esto es, una boquilla alargada para las esquinas y los bordes inferiores que resiguen los zócalos, otra más corta y ancha para una hipotética acumulación de pelusa, etc. A su vez, teniendo en cuenta el tipo de pavimento que deba limpiar, utilice una base u otra. Así, para superficies lisas como el parquet, los enlosados de materiales o piedras naturales y los trabajados con materiales elásticos (vinilo, corcho, etc), utilice la boquilla cuyo perímetro presenta cerdas cortas que amortiguan el paso y recogen los pelos e hilos. Para las moquetas y alfombras, esto es, superficies textiles, la boquilla debe ser completamente lisa y dejar actuar principalmente al mango aspirador. Cuando aspire alfombras, sitúese encima de ellas para que su propio peso sirva de anclaje. Comience por una de las esquinas (la izquierda) y avance hacia el lado opuesto y hacia abajo. En sus movimientos verticales irá levantando el pelo y ello permitirá aspirar más fácilmente el polvo y recuperar los colores y la textura mullida originales. En cuanto a las sillas y sillones o sofás se refiere, aspire desde arriba hacia abajo, esto es, empiece por el cabezal, haciendo hincapié en las zonas horizontales. Previamente retire los cojines y demás accesorios que los componen con el objeto de facilitar el acceso a las partes más escondidas, tales como ranuras y esquinas. Aspire primero toda la pieza de forma general y luego, con la ayuda de los accesorios, repase los puntos más delicados. La boquilla larga facilitará la succión de migas, pedacitos de papel, etc., de cualquier lugar estrecho o recoveco, y el cepillo pequeño contribuirá a eliminar totalmente el polvillo acumulado en el cabezal de los asientos y en la parte superior de los cojines. Una vez terminado, coloque las piezas que ha tenido que mover, sacudiéndolas a su vez para que adquieran el cuerpo y el volumen originales.

Finalmente, en su repaso de los suelos, habrá momentos en que quizá deba retirar los muebles de dimensiones más grandes para acceder a limpiar cómodamente las áreas que quedan tapadas por ellos. Así, muévalos lo mínimo posible, es decir, retírelos y deseche la idea de cambiarlos de lugar. Limpie entonces la parte que ha quedado libre y toda la zona que le permita abarcar el brazo extensible del aspirador. Acto seguido, diríjase hacia el lado opuesto del mueble y efectúe los mismos movimientos en el ángulo contrario que haya quedado libre. En caso de que deba usted aspirar escaleras, avance en grupos de ocho o nueve peldaños y aspire desde dentro hacia afuera. Para las esquinas, ayúdese con la escobita y tire los restos recogidos en una bolsa de plástico que se habrá preocupado de tener a mano en uno de los bolsillos de su delantal. Cuando termine toda la tarea, tire la bolsa directamente al cubo de basura. Ello le permite ahorrarse idas y venidas por la casa hacia la cocina o el fregadero (según donde guarde el cubo de basura). Cuando aspire escaleras vigile mucho en su avance, pues aspirar hacia atrás e inclinadamente es una tarea un poco peligrosa.

EL LAVADO Y CUIDADO DE LAS PRENDAS.
MANCHAS DIFÍCILES

Lo cierto es que al hablar de manchas podemos llegar a descubrir todo un mundo articulado a partir de esta palabra y que, si bien no puede definirse como inabordable, sí responde a un cierto grado de complejidad. Y es que las manchas, según su naturaleza y el soporte en que se hallen, deben ser tratadas de diferente modo. Así, algunas manchas llegan a desaparecer como por arte de magia simplemente con un poco de agua tibia y algunas gotas de jabón o detergente, mientras que otras requieren la aplicación específica de productos adaptados.

Hay dos puntos determinantes para ganar la batalla a las manchas:

◇ Es imprescindible determinar con precisión la naturaleza, origen y antigüedad de la mancha.
◇ Tener en cuenta el soporte sobre el que se ha fijado la mancha.

Una vez se hayan dilucidado estos dos puntos, la forma correcta de actuar es la siguiente:

◇ Evitar ante cualquier excusa que la mancha se seque. Para ello, humedézcala con un poco de agua limpia. Si la mancha acaba de producirse, y sea cual sea su naturaleza, absórbala con la ayuda de algodón, de papel de cocina o de un trapo, evitando que se expanda.
◇ Antes de lavar toda la prenda, hay que limpiar la mancha por separado y en seco.
◇ Trabajar desde el exterior hacia el interior de la mancha para evitar que se extienda.
◇ Quitar la mancha y lavar la pieza cuanto antes.
◇ En caso de utilizar un quitamanchas, aplíquelo desde los bordes hacia el centro. Espere a que el producto se seque y haga el efecto deseado. Enjuague o lave cualquier pieza después de utilizar un producto químico.
◇ En caso de desconocer el origen, la naturaleza y/o el soporte de la mancha, haga una prueba en un lugar poco visible (dobladillo, costuras interiores) o en el revés de la prenda. Dejar actuar los productos como mínimo dos horas.

Asimismo, hay una serie de advertencias que hay que seguir también para evitar mayores problemas. Así, nunca se debe:

◇ Lavar una pieza entera antes de haber quitado la mancha.
◇ Aplicar agua caliente, porque fija la mancha.
◇ Planchar una pieza o tejido manchado, previamente lavado por inadvertencia. En dicho caso hay que tratar primero la mancha por separado y luego lavar toda la pieza.
◇ Utilizar lejía o agua oxigenada sobre la lana y la seda.
◇ Utilizar alcohol de quemar o de 90°, acetona o tricloretileno sobre fibras sintéticas como el nailon, el tergal, etc.
◇ Aplicar alcohol de quemar o vinagre sobre tejidos de acetato.
◇ Utilizar lejía con las piezas de color.
◇ Aplicar un producto absorbente de manchas sobre un soporte claro (por ejemplo, el polvo de arcilla sobre un mantel blanco; es preferible recurrir al talco).
◇ Verter alcohol de quemar sobre el caucho.
◇ Aplicar lejía, tricloretileno o alcohol en superficies de linóleo.
◇ Verter ácido en el mármol.
◇ Utilizar ácido o lejía para la plata.

Productos para la limpieza de las manchas

Acetona. Se trata de un disolvente inflamable. Se recomienda utilizarlo con guantes y mantenerlo alejado siempre de cualquier fuente de calor o de una llama. Es útil para limpiar manchas pequeñas de barniz, pintura fresca, alquitrán, cera, betún y grasas en general. Antes de su utilización es recomendable realizar una prueba, pues suele dejar aureola. Jamás debe emplearse la acetona sobre tejidos de acetato o rayón, pues los destruye de forma irrecuperable. Se adquiere en droguerías y tiendas de limpieza o de pintura especializadas.

Ácido clorhídrico. Se recomienda utilizarlo en soluciones rebajadas en agua, pues su capacidad corrosiva y abrasiva lo convierte en un elemento muy peligroso. Debe emplearse siempre con guantes protectores, en un lugar ventilado, por-

que ataca las mucosas y afecta a la piel. Se utiliza para decapar los metales y para limpiar el mármol, para desobturar las
tuberías de lavabos y cocinas. Mezclado con agua, elimina
los restos de moho acumulado entre los azulejos y las manchas sobre cemento. Una vez terminado de aplicar, es imprescindible enjuagar la zona tratada con abundante agua.

Alcohol de quemar. Tiene múltiples aplicaciones en una
casa. Para limpiar la base de la plancha doméstica basta con
impregnar un trapo o un algodón con alcohol de quemar y
frotar su superficie. Las manchas de bolígrafo o rotulador
desaparecen también al entrar en contacto con alcohol puro,
incluso sobre tejidos sintéticos (salvo el acetato). Utilice
para ello un retal de algodón puro y para limpiar otro tipo de
superficies no textiles emplee papel absorbente. Asimismo,
el alcohol puro termina con las manchas recientes de hierba,
musgo, fruta, café y té. Es ideal para las superficies de cristal y los espejos, solo o mezclado con blanco de España, y
también para los plásticos y superficies de materiales derivados del petróleo. Tenga presente que el alcohol de quemar
elimina perfectamente las manchas de los tejidos pero decolora los más frágiles. Se encuentra fácilmente en droguerías
y tiendas especializadas en productos químicos.

Alcohol de 90°. Se adquiere en farmacias en pequeñas cantidades y en supermercados y grandes áreas comerciales. Se
utiliza principalmente para desinfectar y tiene la ventaja de
no desprender ningún olor molesto o agresivo. Es ideal para
desinfectar el auricular del teléfono, para lavar cualquier superficie plástica y consigue eliminar las manchas de rotulador de los tejidos y superficies pintadas.

Amoníaco. Se suele comercializar el amoníaco rebajado de 22° para atenuar el agresivo olor que desprende. El amoníaco consigue eliminar cualquier tipo de mancha de origen graso en un soporte textil, salvo en la lana y la seda porque se come el color. Es excelente para lavar los puños y los cuellos de las prendas de abrigo y de las piezas de piel. Consigue eliminar también las manchas antiguas de sudor y de sangre. Asimismo, desemboza las cañerías, decapa los barnices viejos y es ideal para cristales y espejos. El amoníaco no debe utilizarse nunca en estado puro, sino que debe diluirse. No intente nunca tapar una botella de amoníaco con un tapón de corcho, pues lo destruye por completo.

Gasolina. Es un producto muy volátil y fácilmente combustible, por lo cual su empleo es muy peligroso y debe realizarse con cautela. Es el producto por excelencia para hacer desaparecer las manchas de grasa y de cera rebeldes, y además tiene la ventaja de que no deja aureola. Recuerde que nunca debe manipular la gasolina cerca de aparatos que tengan una llama encendida, en proximidad de niños y sin guantes.

Bicarbonato de sodio. Puede adquirirse sin problemas en farmacias, supermercados y droguerías. Se trata de un polvillo blanco, abrasivo pero a la vez muy suave, que limpia, quita las manchas y desodoriza. Está indicado para suavizar la franela y para eliminar manchas de grasa y de alquitrán. Asimismo, es muy eficaz para el mantenimiento de grifos y fregaderos de acero inoxidable, para lavar y desodorizar el refrigerador y para alargar la vida de los ramos de flores.

Blanco de España. Se trata de un finísimo polvo de tiza, con poder limpiador y absorbente. Se puede adquirir en droguerías y supermercados. Solo o mezclado con agua o con alcohol consigue una limpieza y brillo ejemplares de la plata, el mármol, el cristal, los metales en general y el estaño. Una vez seca la mezcla debe retirarse mediante un trapo, a la vez que se saca brillo. Se utiliza también para recuperar el color original de las ranuras de unión entre azulejos y para eliminar los restos de humedad y el moho acumulado en dicho lugar.

Lejía. Con este nombre se conoce la solución mezcla de hipoclorito y cloruro de sodio. Es el desinfectante, el desodorizador y el decolorante más eficaz, así como el más barato que ofrece el mercado. Se le conoce, en particular, por la capacidad de blanquear que tiene, especialmente los tejidos naturales (algodón y lino). Es un quitamanchas efectivo para eliminar los restos de rotulador o de bolígrafo en soportes textiles de colores resistentes. Asimismo, termina con las manchas en tejidos sintéticos, siempre y cuando los colores no sean demasiado vivos, pues son enemigos radicales del cloro. Su poder desinfectante es por todos conocido, por lo que está especialmente indicado para higienizar inodoros, el agua de piscinas particulares y suelos. Es importante conservar la lejía fuera del alcance de los niños y en un lugar que la proteja de la luz, pues ésta la descompone.

Agua oxigenada. Es un desinfectante y decolorante eficaz ante manchas difíciles tales como la sangre y las manchas amarillentas de los tejidos blancos. Al utilizar este producto tenga cuidado de que no haya perdido sus propiedades burbujeantes, porque en caso afirmativo su eficacia habría desaparecido por completo.

Aguarrás. Se emplea para la eliminación de manchas de pintura, de barniz, de alquitrán y de betún. Utilícelo siempre en espacios aireados, pues se trata de un derivado del petróleo y es bastante tóxico. Se adquiere en droguerías y grandes superficies comerciales.

Esencia de trementina. Es, ante todo, un disolvente y puede adquirirse en droguerías y grandes superficies dedicadas al bricolaje. Se obtiene por destilación y se extrae de la trementina, el pino o la melaza. Es ideal para eliminar las manchas de barniz, de pintura, de alquitrán, betún y cera en soportes textiles y para limpiar el cuero manchado. En caso de utilizar este producto para eliminar manchas en trajes y vestidos, es necesario enjabonarlas enseguida para evitar la formación de aureolas.

Éter. El éter y su aplicación para el mantenimiento de prendas se ha convertido en una actividad prácticamente en desuso, que apenas recuerdan las abuelas más hacendosas. El éter solía utilizarse para reavivar los colores apagados de los tejidos, siguiendo una operación muy delicada que aconsejamos dejar en manos de su tintorero o profesional colorista. Teniendo en cuenta que se trata de un producto peligroso, altamente inflamable y volátil, hay que asegurarse mantenerlo bien cerrado y alejado de los niños.

Jugo de limón. El limón es un fruto rico en ácido cítrico que, por acción química, decolora las manchas de tinta. Mezclado con sal se convierte en un abrasivo suave para aclarar muebles blancos y sillas u otros objetos trabajados con paja amarillenta. El limón es, además, un desodorizante excelente, agradablemente perfumado.

Poso de café. Es excelente para reavivar los colores tristes de las alfombras. Hay que esparcirlo todavía húmedo sobre la alfombra, dejar secar y acto seguido aspirar. El poso de café, sea cual sea su calidad, es ideal para desatascar la cañería y el sifón del fregadero y para que no desprenda malos olores. Deje correr agua caliente a chorro para que el poso se deslice y desengrase las paredes a su paso.

Sal de cocina. La sal, fina o gruesa, es muy útil para los apaños del hogar. Hace desaparecer el óxido de cualquier pieza de hierro, reaviva la ropa de color, impide además que se destiña y fija el color. Asimismo, absorbe las manchas de vino de las moquetas o de la ropa blanca y hay que eliminarla con agua fría y posteriormente lavar la pieza. También absorbe las manchas de sangre de la ropa blanca. En estos casos únicamente se tiene que sumergir la pieza en agua fría en la que habremos echado un puñado de sal fina. Si quiere recuperar los colores de sus alfombras, eche sal antes de aspirar. Ésta se come el polvo.

Talco. El talco es un polvo blanco fino que se adquiere tanto en farmacias como en droguerías. Es un producto barato y muy útil para el hogar. Es ideal para hacer desaparecer las manchas de grasa. En caso de mancharse con algún producto grasiento, eche polvos de talco de inmediato y deje que chupe todo el líquido. Una vez el polvillo pierda su textura característica y quede apelmazado, es el momento de sacudirlo con un cepillo. La mancha habrá desaparecido y ni tan siquiera habrá quedado una mínima señal. Si lo prefiere, puede lavar la prenda a continuación, si bien no es estrictamente necesario hacerlo. Mantenga el talco en un lugar seco y evite la humedad.

Tierra de Sommières. Se trata de polvo de arcilla con un alto poder de absorción que chupa cualquier mancha de grasa sobre un soporte textil. Actúa igual que el talco y se reserva para tejidos oscuros. Aplíquela del mismo modo que si de talco se tratara.

Tricloretileno. Es un producto excelente para la eliminación de manchas de tinta y de grasa, así como para los restos de fruta, café y hierba. Si bien no es inflamable, es altamente tóxico, por lo que debe mantenerse fuera del alcance de los niños.

Vaselina. Necesaria para eliminar las manchas de alquitrán de la piel. A continuación hay que enjabonarlas y aclararlas con abundante agua. Se adquiere en farmacias, al igual que la glicerina, que se caracteriza también por su efecto cubriente.

Vinagre. Aplique vinagre blanco sobre las manchas de óxido y desaparecerán. Reaviva los colores de las alfombras, mulle las prendas de lana si se aplica vinagre en el aclarado y contribuye a eliminar el olor a moho de la ropa guardada durante mucho tiempo.

Tipos de manchas y cómo combatirlas

Adhesivo o pegamento: Los restos de adhesivo o pegamento que desprenden las etiquetas autoadhesivas una vez las retiramos de una superficie suelen dejar una traza negra que puede eliminarse con éter o acetona. Evite aplicarlo en superficies plásticas.

Bebidas alcohólicas: En un soporte textil como una moqueta o una alfombra, ya sea de lana o sintética, o también sobre un tejido de seda, aplique una mezcla de 1/3 de alcohol de 90° y 2/3 de agua mediante un disco de algodón impregnado y trate la mancha a golpecitos hasta que desaparezca. Procure actuar tan pronto como se haya efectuado la mancha. Acto seguido, si la pieza tratada se lo permite, lávela a máquina con jabón. La ropa sintética puede limpiarse de antemano en seco con un detergente y terminar pasándola por la máquina.

Si la mancha se encuentra en un mueble de madera maciza utilice gasolina o éter y si la pieza está encerada, haga desaparecer la mancha con esencia de trementina. En caso de incrustación, aplique lejía y encere de nuevo el mueble para recuperar el color. Otra posibilidad consiste en restregar la mancha con un tapón de corcho como si de una goma de borrar se tratara y pasar por encima un paño de lana.

Mantequilla. Sobre tejidos de lana o seda, aplique polvos de talco, deje que absorban la grasa, cepille y lave con jabón neutro; sobre fibras sintéticas aplicar igualmente el talco o ir directamente al lavado, utilizando agua mineral. En tejidos resistentes se puede recurrir al uso de la gasolina y lavar posteriormente con agua jabonosa.

Cerveza. Los tejidos manchados con esta bebida deben tratarse con una mezcla proporcional de agua y alcohol de 90°. Asimismo, puede utilizarse agua con unas gotas de amoníaco o de lejía (esta última para tejidos blancos) y debe aplicarse siempre mediante la ayuda de un algodón impregnado que utilizaremos a modo de tampón. Posteriormente puede pasarse la prenda por agua jabonosa o lavar a máquina.

En caso de mancha de cerveza sobre muebles, se puede eliminar con esencia de trementina o vertiendo un poco de agua mineral. El proceso irá seguido de un encerado.

Asimismo, en alfombras o moquetas hay que absorber todo el líquido desparramado con un paño, aplicar agua mineral dejando que penetre y frotar con una esponja. Si la mancha persiste aplicar una mezcla de agua y alcohol de 90° a proporciones iguales y enjuagar delicadamente con agua. Absorba el agua sobrante mediante un paño ejerciendo golpecitos y deje secar.

Cera (sobre un tejido). Previamente, retirar toda la cera pegada haciendo palanca con un cuchillo y rascando cuidadosamente, vigilando no cortar las fibras de la tela. Ponga en marcha la plancha y una vez haya alcanzado la temperatura justa para la composición de la prenda que esté tratando, repase la mancha de cera, no sin antes haber puesto encima y debajo de la misma unas cuantas hojas de papel absorbente. El calor irá fundiendo la cera que quedará pegada al papel. Vaya moviendo el papel a medida que note que se ensucia. Si es necesario, una vez haya desaparecido toda la cera puede sumergir la mancha en una mezcla de agua jabonosa y terminar por lavar toda la prenda.

También se puede eliminar con alcohol puro. Se trata de impregnar la mancha por ambas caras del tejido, dejar actuar unos diez minutos y frotar la zona con las manos. De este modo, la cera se despegará.

Cera (sobre una alfombra o moqueta). Una vez seca, eliminar el máximo de la capa de cera con el filo de un cuchillo. Siga los mismos pasos anteriormente descritos con la plancha y el papel absorbente. Elimine los últimos restos con esencia de trementina vigilando siempre que no se expanda para evitar las aureolas.

Cera (sobre madera encerada). Haga saltar la cera de la superficie ejerciendo una suave presión con un cuchillo. Frótela con papel de lija fino y encere de nuevo. Si es necesario, entre uno y otro paso aplique con un paño de algodón unas gotas de una mezcla a partes iguales de esencia de trementina y aceite de lino.

Cera (sobre madera barnizada). No intente arrancar la cera porque podría llevarse el barniz. Es preferible intentar fundirla aplicando agua caliente o procurar que se despegue con gasolina. Acto seguido pula la superficie con un paño suave.

Cera (sobre enlosados). Rascar delicadamente procurando levantar la cera y evitando rayar la cerámica, repasar la zona con vinagre blanco caliente y enjuagar.

Cera (sobre mármol). Arrancar la cera con un cuchillo. Lavar con agua caliente jabonosa y dejar secar. Sacar brillo con un paño de lana o de seda.

Cera (sobre pavimentos plásticos o telas con acabados encerados). Arranque sin rascar el máximo de cera seca. Lavar con agua y amoníaco (en la proporción de un vaso de agua de amoníaco por un litro de agua), enjuagar generosamente y volver a lavar con el detergente habitual para recuperar el brillo perdido.

Quemadura de cigarrillo. Para una tela de algodón blanco, aplique agua oxigenada de 20 volúmenes y lave. Si la mancha se resiste vuelva a lavar la prenda con lejía. Si la prenda es de lana o de seda, frote la mancha en seco con un jabón neutro, y a continuación lávela a mano o a máquina siguiendo las indicaciones del fabricante. En alfombras y moquetas, siempre y cuando la quemadura sea superficial, corte el pelo chamuscado con las tijeras pequeñas o repase la zona con una maquinilla de afeitar para eliminar la mancha oscura y seguidamente lave la zona con agua y un poco de agua oxigenada de 20 volúmenes. Enjuague y deje secar.

Café. Si la mancha es reciente, lave la prenda con agua jabonosa, aplicando un poco de sal sobre el café. Si la mancha es antigua y se encuentra en un tejido de algodón blanco utilice agua oxigenada de 20 volúmenes, lejía o alcohol de quemar y aclare de inmediato en todos los casos. Sobre un tejido sintético claro y lavable aplique algunas gotas de glicerina pura sobre la mancha y lave la prenda a máquina. También se puede aplicar una proporción igual de vinagre blanco y alcohol de 90° y lavar a máquina a continuación. En caso de alfombras y moquetas manchadas de café absorba el resto de líquido con un paño o una esponja limpios. Aplique agua fría a golpecitos y deje secar. En caso de que la mancha se resista aplique también vinagre blanco y alcohol de 90° a partes iguales. Otra posibilidad para los tejidos de lana o seda consiste en decolorar la mancha con yema de huevo mezclada con agua caliente. A continuación lave y enjuague la zona con agua templada y séquela con la ayuda de un paño absorbente.

Alquitrán. (Cambouis) Sobre tejidos naturales, el alquitrán debe retirarse rascándolo, espolvoreando la parte tratada con talco, dejando que absorba la mancha y frotando delicadamente. Para los tejidos sintéticos la fórmula consiste en aplicar aguarrás y lavar a continuación. De modo general, todas aquellas prendas que sean lavables pueden tratarse con esencia de trementina o gasolina y lavarlas a continuación. Si la mancha es resistente, úntela por arriba y por abajo con mantequilla, déjela actuar veinticuatro horas, retire los restos con el filo de un cuchillo, lave en seco la zona con un jabón neutro y termine por meter la prenda en la lavadora. Este último recurso es aplicable también a la piel, sobre la que también funciona el aceite o la margarina. Una vez aplicados estos elementos frótela con un trapo o un algodón secos y enjabone la zona tratada para eliminar la grasa. Las manchas de alquitrán sobre el cuero desaparecerán del mismo modo o con vaselina pura. En caso de que aparezca una aureola de grasa, aplique talco o tierra de Sommières, deje que la absorba, cepille la zona y aplique cera nuevamente.

Chicle. No intente nunca retirar restos de chicle estirando o rascando. La fórmula ideal consiste en endurecerlo con la ayuda de un cubito de hielo y desengancharlo de inmediato. En caso de que el chicle haya dejado una mancha o sombra sobre el tejido a tratar, hágala desaparecer aplicando con un algodón un poco de acetona, tricloretileno puro o cualquier otro disolvente.

Chocolate. Los tejidos naturales pueden tratarse o bien directamente con agua jabonosa y echarlos a la lavadora, o aplicando un poco de agua y alcohol de 90° sobre la mancha de chocolate y frotándola. Para los tejidos sintéticos el truco ideal consiste en aplicar en ambos lados de la tela un poco de glicerina pura y absorberla a continuación con papel de cocina, que se llevará también la grasa de dicho alimento. Para el cuero, el agua caliente con mucha sal aplicada a base de golpecitos es el remedio ideal. Hay que dejar secar y encerar a continuación. Las alfombras y moquetas pueden tratarse con un disolvente, con agua y alcohol o sencillamente con agua jabonosa, siempre que previamente se hayan absorbido con un paño o papel de cocina los restos de chocolate.

Cera líquida. Si se desparrama un poco de cera líquida sobre una moqueta o una alfombra, procure absorber al máximo la mancha mediante papel de cocina y aplique polvo de arcilla (si la pieza es oscura) o talco (en caso de que sea de colores claros) sobre la misma para que se absorba el compuesto graso de la cera por completo. Sobre tejidos lavables, actúe en un principio del mismo modo, esto es, absorbiendo los restos de producto con un papel de cocina. Acto seguido impregne la mancha con mantequilla o glicerina, deje que actúen, y retire el exceso de grasa con otro papel absorbente o aplicando de nuevo polvos de talco o de arcilla. Por último, sobre superficies plásticas, la cera líquida se elimina recogiéndola de inmediato con una bayeta y borrando con una goma de escolar los restos o aplicando esencia de trementina.

Coca-Cola. En caso de mancha sobre alfombras o moquetas, vierta agua mineral con gas sobre la misma y repita tantas veces como sea necesario, hasta que las manchas marrones desaparezcan. Para los tejidos lavables, la fórmula ideal consiste en aplicar antes del lavado a máquina unos toques de agua con alcohol de 90º en proporciones iguales.

Cola o pegamento. Se trata de una de las manchas más difíciles de tratar. En caso de que la causa haya sido cola blanca, ésta desaparecerá fácilmente en contacto con el agua caliente y el jabón, pero si los restos proceden de colas más resistentes, como el neopreno, por ejemplo, lo cierto es que hay poco que hacer. Aun así, suele ser relativamente efectiva la aplicación sobre la mancha de unas gotas de vinagre blanco, unos toques de agua y absorber el líquido sobrante con papel de cocina. Se recomienda además aplicar previamente un paño de algodón por debajo de la mancha antes de proceder a quitarla. El pegamento puede retirarse de superficies plásticas rígidas (mesas, armarios, etc) rascando y aplicando un poco de acetona o cualquier otro disolvente.

Confituras y mermeladas. En alfombras y moquetas la solución más efectiva es la aplicación generosa de agua mineral con gas y dejar actuar. En tejidos lavables, lo primero que hay que hacer es recoger los restos de mermelada o confitura y retirarlos mediante un cuchillo o con un papel de cocina. A continuación hay que sumergir la mancha en agua fría para eliminar el azúcar que tiene tendencia a fijar los colores. Según su composición, las mermeladas producen manchas más o menos indelebles. Así, las confituras de frutos azules –moras, arándanos, etc– producen manchas muy difíciles de eliminar. Si la pieza manchada está trabajada con un tejido claro, lávela como de costumbre y enjuáguela añadiendo un poco de lejía o de amoníaco.

Nata. Absorba los restos de nata con un paño o papel de cocina y aplique tricloretileno directamente. Acto seguido enjuague o lave la pieza como de costumbre si sus dimensiones se lo permiten.

Dentífrico. Lávelo como de costumbre teniendo la precaución de enjuagar la pieza con agua avinagrada para unificar así el color del tejido.

Agua. Para las manchas que dejan las gotas de lluvia sobre bolsos y zapatos de piel se recomienda acercar la pieza al vaho que desprende una cacerola llena de agua hirviendo y dejar secar antes de encerar o limpiar con betún. Asimismo, los zapatos de colores claros quedan como nuevos aplicándoles vaselina pura y limpiándolos con cera o betún a continuación.

Agua de mar. Para eliminar las manchas de agua de mar en zapatos de cuero hay que preparar una mezcla de dos cucharillas de alcohol de quemar con otra de leche. Se aplica el líquido sobre el zapato y se deja actuar unos diez minutos. A continuación hay que frotar el zapato para eliminar la mezcla y finalmente dar betún al calzado. Sobre un tejido lavable las manchas de agua de mar se disuelven con agua clara caliente. Repita la operación hasta que hayan desaparecido las marcas. Si éstas son muy resistentes, frótelas de antemano con un poco de alcohol de quemar y lave el tejido como de costumbre.

Tinta. En la mayoría de los tejidos, la tinta puede eliminarse mediante la aplicación de leche tibia. O bien se impregna directamente la mancha con leche o se aplica mediante un algodón en espera de que la tinta desaparezca. Acto seguido, enjuague la tela. Para las telas de algodón lo ideal es utilizar lejía y aclarar con abundante agua. Asimismo, las prendas de algodón blanco o de color pueden tratarse con zumo de limón o con un disolvente de esmalte, siempre que no sea graso. En caso de tratar tejidos sintéticos se recomienda el uso de polvos limpiadores. El cuero manchado puede tratarse una vez más con leche caliente o con limón. En ambos casos hay que volver a encerar la piel tras la aplicación de estos dos productos. En moquetas y alfombras la leche, después de haber secado con papel absorbente toda la tinta sobrante, junto con un poco de sal preparan el terreno para la aplicación final de una mezcla de 2/3 partes de alcohol de quemar con 1/3 parte de amoníaco, que termina con la mancha. Asimismo, el limón actúa como limpiador. La tinta china desaparece con un trapo impregnado de alcohol de 90° y la tinta roja con mostaza.

Rotulador. Tanto en tejidos de algodón o de lana, como sobre la piel o sobre el papel pintado, las manchas de rotulador se eliminan con alcohol de 90°, alcohol de quemar, acetona o disolvente de laca de uñas. El éter también puede cumplir esta función. En caso de tratar un tejido sintético, haga previamente una prueba con estos productos en alguna parte no vista de la prenda. Asimismo, puede utilizar polvos limpiadores.

Maquillaje. Las manchas de maquillaje suelen eliminarse simplemente con agua tibia y detergente o jabón neutro. Asimismo, se puede frotar una mancha rebelde con un poco de éter o de amoníaco antes de proceder al lavado corriente, o incluso con tricloretileno.

Fruta. En las prendas de lana aplique un poco de agua oxigenada diluida o unas gotas de vinagre de alcohol sobre la mancha. A continuación, enjuague abundantemente. Los tejidos de colores resistentes soportan bien un lavado previo con agua y amoníaco, seguido de un lavado con detergente corriente. Los tejidos sintéticos pueden tratarse con unas gotas de limón o de vinagre blanco y lavarlos a continuación. El cuero acepta también el limón y requiere un aclarado con agua tibia.

Alquitrán. (Goudron) Sobre tejidos de algodón, lana o cuero el alquitrán se disuelve con un disolvente de laca de uñas aplicado con un retal de tela fina o un trocito de algodón. Deje secar y repita la operación tantas veces como sea necesario, cambiando el soporte cada vez que se ensucie. En la piel el alquitrán puede arrastrarse aplicando un poco de aceite de oliva (o cualquier otro aceite de mesa) con la ayuda de un trapito o un disco de algodón. A continuación, lávese la piel con agua tibia y jabón para el cuerpo. Si las manchas son muy rebeldes, pueden utilizarse unas cuantas gotas de disolvente de laca de uñas, éter o tricloretileno.

Grasa. Las manchas de grasa reciente desaparecen como por arte de magia si de inmediato se aplican polvos de talco o un poco de sal que la absorben. Hay que dejar actuar unos instantes y cepillar a continuación. Aun así, las armas antigrasa por excelencia son la gasolina y el tricloretileno, a las que hay que aplicar posteriormente los polvos de talco o la tierra de Sommières. Para las prendas de seda se debe echar un poco de talco y aplicar una hoja de papel de seda por el envés mientras se plancha la zona manchada. Repita la operación tantas veces como sea necesario si la mancha es muy rebelde. En la lana, la tierra de Sommières y el talco son los dos componentes infalibles. Utilice el primero para tejidos oscuros y el segundo para los claros. El terciopelo manchado con cualquier producto graso debe tratarse con arena y cepillarlo para que se levante el pelo. Los tejidos impermeabilizados requieren unas gotas de esencia de trementina antes de aplicar el talco y de cepillar. Y para los tejidos sintéticos, la grasa no resiste la fuerza desincrustante del aguarrás.

En las alfombras y en caso de manchas muy grandes hay que procurar eliminar la grasa mediante un paño impregnado de tricloretileno. Acto seguido se aconseja echar talco o tierra de Sommières, dejar que absorban la grasa, aplicar una hoja de papel de seda y planchar a temperatura media. En el cuero la grasa debe tratarse con la pasta resultante de la mezcla de tiza y alcohol de quemar. Hay que dejar secar y cepillar. La gamuza, por último, se limpia con talco y un buen cepillado. Previamente puede frotarse la mancha con un poco de éter.

Hierba. Generalmente, las manchas de hierba desaparecen con un algodón impregnado con alcohol de quemar. De todos modos, los tejidos de algodón blanco pueden ser tratados con lejía y un buen detergente, y el agua con amoníaco puede ser la solución para los tejidos de colores resistentes. En telas de lana los restos de hierba desaparecen con vinagre.

Aceite. Como para cualquier producto graso, las manchas de aceite se combaten gracias a la aplicación de polvos de talco y un buen cepillado posterior. Los tejidos lavables pueden soportar también un lavado en seco con un jabón neutro.

Humedad. El amoníaco hace desaparecer las manchas de moho del cuero y la lencería. Los tejidos delicados de lana o seda deben ser tratados con leche y lavados con jabón neutro a continuación. Los de colores resistentes deben ser mojados en agua caliente y se les debe aplicar una mezcla hervida de zumo de limón y talco. Una vez aplicado, dejar secar, frotar y aclarar con agua caliente.

Leche. Cubra las manchas de leche con vaselina sobre un tejido frágil y lávelo con agua suficientemente caliente para eliminar la grasa. Los tejidos resistentes permiten un lavado normal y no requieren mayores artimañas. En el cuero, las manchas de leche desaparecen con tricloretileno. A continuación debe aplicarse cera nuevamente.

Mercromina. Aclare los tejidos con agua fría y aplique tricloretileno para eliminar los restos rojos. La lejía, pura o con agua, cumple también la misma función en tejidos resistentes y de colores sólidos. Requieren un aclarado abundante en agua fría. En el caso de tratar tejidos delicados, prepare una mezcla de 2/3 partes de agua y 1/3 parte de alcohol de quemar. El resultado no siempre es óptimo. Puesto que los tejidos sintéticos no aceptan el alcohol, hay que tratarlos con una mezcla de agua y vinagre blanco.

Enmohecimiento. Las manchas de moho son más tenaces que las de humedad. En caso de enmohecimiento los tejidos de colores deben sumergirse en agua amoniacada o en agua fría mezclada con sal de boro (en la proporción de una cucharada sopera de sal por litro de agua). Deje actuar la sal de boro durante al menos una hora y a continuación lave y aclare como de costumbre. Para eliminar las manchas rebeldes, resistentes a la sal de boro, aplique directamente lejía en estado puro, aclare y lave la pieza con un detergente corriente. Otra posibilidad consiste en lavar la prenda con un detergente y sumergirla posteriormente en agua avinagrada, en agua con amoníaco y si las manchas resisten con agua y agua oxigenada. A continuación aclare y lave como de costumbre. Las prendas de tejidos más delicados son más problemáticas, pues su resistencia a los productos fuertes y abrasivos es muy mala. En dichos casos, aconsejamos la aplicación de una pasta hogareña que se obtiene de la mezcla de almidón en polvo (una cucharada sopera), copos de jabón (una cucharada sopera), sal gorda (una cucharilla de café) y un limón exprimido. Repártala por el revés del tejido, friccionándola y dejando que actúe durante veinticuatro horas. Una vez terminado el plazo de tiempo, aclare unas cuantas veces.

En el cuero, los restos de moho desaparecerán con esencia de trementina o con agua oxigenada. Las fibras naturales son atacadas fácilmente por el moho, de ahí que a menudo sea prácticamente imposible atenuar el desgaste. Éste puede ser el caso de moquetas y alfombras de tejidos naturales, que hay que tratar con una pasta de sal, copos de jabón y jugo de limón, retirarla al cabo de unas horas y enjuagar.

Nicotina. El alcohol de 90° termina con cualquier mancha oscura de tabaco sobre todos los tejidos. Para recuperar el color natural de la piel de los dedos de un fumador, aplique jugo de limón repetidamente.

Huevo. En moquetas y alfombras, utilice tricloretileno o amoníaco y neutralice posteriormente el primero con una mezcla de agua y alcohol o de amoníaco y vinagre de alcohol. Los tejidos delicados deben tratarse con una mezcla de agua (2/3 partes) y amoníaco (1/3 parte), y los lavables con agua oxigenada aplicada previamente al lavado corriente.

Papel carbón. Frote la mancha ligeramente con un algodón impregnado de alcohol de 90°, si se trata de un tejido delicado, y con tricloretileno, si es resistente y de colores sólidos.

Perfume. En tejidos delicados aplique polvos de talco y espere a que absorban toda la humedad del perfume. Acto seguido, lave la prenda en seco con un jabón neutro o mándela lavar a la tintorería. En tejidos resistentes el alcohol de 90° y un lavado corriente darán el resultado esperado.

Pintura. Aunque se trate de pinturas al agua, una vez secas son muy difíciles de hacer desaparecer. Así, aconsejamos eliminar la mancha de la ropa con esencia de trementina, lavarla en seco con jabón neutro y meterla en la lavadora. Las alfombras y moquetas se tratan bien con gasolina, pero este producto suele dejar aureolas. Para evitarlas, recurra a la esencia de trementina, aplique polvos de talco posteriormente, sacuda la mancha para eliminar los restos de talco y repita el tratamiento tantas veces como sea necesario.

Resina. En tejidos delicados, frote los restos de resina con alcohol de 90° o éter, y en los resistentes aplique esencia de trementina antes de lavarlos.

Carmín. En tejidos delicados, frotar la mancha con un algodón impregnado en alcohol de 90°, aplique jabón neutro en seco y lávelo siempre que esté indicado. Otra solución consiste en aplicar mantequilla o vaselina sobre la mancha friccionando suavemente para que penetre en el tejido, lavarlos con agua jabonosa y aclarar como de costumbre. En los tejidos resistentes, el éter y el tricloretileno cumplen las funciones deseadas y contribuyen a un lavado óptimo.

Óxido de hierro. El comercio ofrece productos adecuados para eliminar las manchas de óxido de soportes textiles (Ferroquit), pero, aun así, existen otras formas de terminar con ellas. Lo primero es frotarlas con limón y añadir un poco de sal. Si el tejido a tratar es claro y de composición natural, se puede lavar seguidamente con lejía. En caso de que sea sintético, y siempre que la mancha sea reciente, pruebe a eliminar los restos con éter, aunque no se pueda garantizar el resultado. Aconsejamos también preparar una mezcla mitad gasolina y mitad aceite, aplicarla sobre la mancha y frotar con un cepillo metálico.

Chamuscado. Para hacer desaparecer una marca de plancha de una prenda clara pruebe a frotar con agua oxigenada de 10 volúmenes. Para las más oscuras, frote la mancha en seco con un jabón neutro y lave después.

Sangre. Las manchas de sangre deben ser tratadas siempre con agua fría, porque el calor las hace prácticamente indelebles. En caso de tratarse de tela de algodón de colores claros, la sangre puede ser eliminada aplicando unas gotas de agua oxigenada directamente, seguido de un lavado con lejía. Asimismo, prepare una mezcla de almidón con agua fría y aplíquela frotando. Una vez se haya secado, elimine la costra resultante con un cepillo. Esta fórmula es también válida para eliminar este tipo de manchas de los colchones. Para este mismo soporte, el suero fisiológico aplicado directamente en gotas y reforzado con un poco de amoníaco puede ser otra solución. En caso de trabajar con tejidos de colores sólidos, disuelva una aspirina en agua y utilice el líquido resultante para frotar la mancha. Por último, si se produce una mancha de sangre sobre una moqueta o una alfombra, procure absorberla cuanto antes con una bola de algodón, un trapo o papel de cocina. Acto seguido aplique unas gotas de vinagre blanco o un pellizco de sal y deje que la mancha supure. Al cabo del rato, aclare con un poco de agua y unas gotas de amoníaco.

Esparadrapo. Retire los restos pegajosos del esparadrapo, tanto de la piel como de un tejido, con un trapo o algodón impregnado de alcohol o éter.

Azúcar. El agua caliente o templada es suficiente para fundir los restos de azúcar. Aun así, si en él había colorantes, elimínelos añadiendo unas gotas de alcohol de 90° al agua.

Hollín. Cepille la mancha con el fin de eliminar cualquier partícula seca y a continuación aplique unas gotas de tricloretileno.

Té. En moquetas se aconseja aplicar una mezcla de vinagre blanco y alcohol de quemar. En tejidos resistentes, unas gotas de limón o un lavado normal con detergente corriente y en tejidos delicados (seda y lana) agua y glicerina en caso de que la mancha sea antigua y agua tibia con yema de huevo si es reciente.

Sudor. Las manchas de sudor en prendas de lana desaparecerán dejándolas toda una noche en remojo con agua fría y unas gotas de vinagre blanco y en otros tejidos frotando simplemente la zona a tratar con amoníaco.

Orina. Si la orina se recoge de inmediato no suele dejar mancha, aun así, si quiere asegurarse de eliminar cualquier rastro frote la zona con agua fría, primero, y después con agua avinagrada. Echando unas gotas de amoníaco al agua se puede obtener también un buen resultado.

Esmalte de uñas. Tan sólo un disolvente con acetona eliminará una mancha de laca de uñas por completo, ahora bien no siempre es posible frotar la zona manchada con este producto, pues se corre el riesgo de esparcir la mancha. Por ello, aconsejamos retirar con mucho cuidado el máximo de laca posible, dejar secar y recortar un poco el pelo que haya quedado manchado. Puede intentar, también, retirar la laca seca rascando con sus uñas o con alguna herramienta resistente.

Vino. Las manchas de vino desaparecen echando sal encima de ellas y evitando siempre que se sequen. Si es necesario, humedézcalas con unas gotas de agua fría. Asimismo, las manchas de vino negro pueden desaparecer echando vino blanco encima de ellas o, mejor aún, agua mineral con gas. Siempre que el soporte sea lavable y de colores claros, está perfectamente indicado hacer un lavado corriente con lejía o amoníaco.

Vómito. Procure recogerlo de inmediato con un trapo o papel absorbente, trate la zona directamente con amoníaco o tricloretileno y lave la prenda a continuación como de costumbre.

NO LO OLVIDE

- Intervenga lo antes posible sobre una mancha.
- No utilice nunca agua caliente, pues ésta fija las manchas. Procure hacerlo con agua tibia o fría.
- Haga previamente una prueba del quitamanchas escogido por la parte interior de la prenda o en algún lugar no visible.
- Ponga siempre un trapo limpio debajo de la mancha a tratar para que absorba la suciedad y vaya moviéndolo a medida que se ensucie.
- Respete siempre las indicaciones y las dosis prescritas que se detallan en el modo de empleo propio de cada producto.
- Evitará aureolas si trabaja desde el exterior hacia el interior de la mancha.
- Elimine el producto quitamanchas enjuagando con agua tibia.
- Si el quitamanchas que ha utilizado deja aureola, elimínela con el vapor de agua que se desprenda de una cacerola hirviendo.
- No utilice nunca lejía para tratar la seda y la lana.
- El vinagre, el alcohol de 90° y el de quemar, la lejía y la acetona son fieros enemigos de los tejidos sintéticos. No los utilice, pues, nunca para prendas de dicha composición (rayón y nailon).
- El limón es uno de los productos naturales de limpieza más efectivos e interesantes por sus propiedades blanqueadora, desincrustante y desengrasante.

Lavar la ropa continúa siendo hoy por hoy uno de los quehaceres más repetidos del mantenimiento del hogar. Afortunadamente, disponemos de unos medios que facilitan en mucho una labor (lavadora, productos de limpieza más perfeccionados y específicos, productos suavizantes, etc.) que antiguamente se realizaba con muchísimo esfuerzo e incomodidad. Conservar las prendas, así como la ropa del hogar en buen estado no es un trabajo imposible. Basta con guardarlas con mimo, lavarlas con regularidad y acertar en su elección a la hora de comprarlas. Aun así, hay una serie de aspectos que deben recordarse para llevar a buen término nuestro esfuerzo. Así, hay que saber dosificar los productos, conocer cómo tratar las fibras, cómo manipularlas, cómo y dónde tenderlas y tener una cierta habilidad a la hora de planchar.

Hagamos de antemano un repaso a los tipos de telas que podemos encontrar, a sus características y propiedades y especifiquemos cómo tratarlas. Para la gran mayoría de las personas, llegar a reconocer hoy en día los tejidos es una cuestión prácticamente imposible dadas sus semejanzas en cuanto a textura, caída y nervio. Muy dotado es aquel capaz de diferenciar con el tacto entre una camisa de seda lavada y otra de microfibras con acabado sedoso. Para ello son decisivas las etiquetas e iconos internacionales que incluyen información para el mantenimiento.

En gran medida, el mundo de los tejidos debe dividirse entre los naturales y los sintéticos. El mejor sistema para averiguar a qué clase pertenecen es tirar de un hilo y quemarlo. Así, si el hilo se quema dejando cenizas en todo su largo, se trata de algodón.

Si se quema mal y se encoge dejando un residuo negruzco, a la vez que desprende olor a cuerno quemado, se trata de lana.

Si se consume completamente y produce una llama viva, se trata de lino.

Si queda carbonizado y se va reduciendo sobre sí mismo en forma de bola caramelizada, estamos tratando con un tejido sintético o artificial.

Lana

Hay algunos tipos de lana que no admiten el agua y otros que tan sólo pueden ser tratados a mano, bajo riesgo de encogimiento. Para evitar estropicios, siga siempre atentamente las instrucciones de los fabricantes. Aun así, hay una serie de consejos generales aplicables a cualquier prenda trabajada en lana:

◇ Evite siempre los centrifugados violentos. Es mejor escurrirla a mano, delicadamente, y eliminar el exceso de humedad colocando la pieza entre dos toallas.
◇ Para planchar la lana hay que utilizar únicamente una plancha de vapor a temperatura medio-alta (utilizar el programa específico para lanas).
◇ Aclare siempre o en la medida de lo posible la lana a mano y siempre con agua fría o templada. Para neutralizar la cal del agua, es aconsejable añadir en ella unas gotas de limón o una cucharada de vinagre blanco. Ello la hará también más esponjosa.
◇ Hay que dejar secar las prendas de lana en posición horizontal para evitar que su propio peso las deforme.
◇ Para conseguir que la angora no suelte el pelo, intro-

duzca la prenda en la parte alta de la nevera toda una noche, envuelta en una bolsa de plástico.

◇ Para recuperar el blanco de la lana natural y evitar que amarillee, enjuague la pieza en agua enriquecida con tres cucharadas de agua oxigenada de 10 volúmenes.

◇ Es bastante difícil evitar que la lana suelte bolas o haga pelusilla. Aun así, se puede recurrir a sumergir la pieza en agua desmineralizada, lavarla entonces con jabón neutro, aclararla con abundante agua fría y dejarla toda una noche en remojo en una mezcla de agua y ácido de fosfato de calcio.

◇ Las polillas son el enemigo número uno de la lana. Para evitar su efecto, nada mejor que introducir unas bolsitas textiles conteniendo hojas de menta fresca en cada uno de los armarios y cajones e ir reponiéndolas una vez hayan perdido su olor. La lavanda es también una fragancia que las polillas detestan. Aplíquela con la ayuda de algodones impregnados, esparcidos en el interior de los armarios.

◇ Las pelotillas y el pelo que afean las prendas de lana pueden eliminarse con un cepillo adhesivo o con una maquinilla para la lana que rasura el pelo suelto.

Algodón

El algodón blanco es uno de los tejidos más sufridos. Soporta perfectamente lavados en aguas calientes, planchados a temperatura alta, tendidos verticales y la utilización de lejía. Aun así, su efecto más temido es el encogimiento. Para evitarlo, efectúe un primer lavado a 60°.

◇ El algodón teñido con colores sólidos admite una temperatura de lavado no superior a 60° y un enjuague con lejía, siempre que no coincida con el primer lavado. El planchado y el tendido pueden realizarse como si de algodón blanco se tratara.

◇ Para evitar que las prendas de algodón negras adquieran esa pátina blanquecina que les confiere un aire envejecido, sustituya el detergente habitual por líquido limpiavajillas, que no contiene agentes blanqueadores, y añada al enjuagado una copa de cerveza.

◇ Para evitar que las prendas coloridas de algodón pierdan fuerza o se entremezclen, asegúrese una buena fijación del color manteniendo unas horas la prenda en agua fría con vinagre o con sal.

◇ Es aconsejable planchar las camisas y demás prendas delicadas de algodón cuando están todavía un poco húmedas para conseguir un acabado perfecto y evitar tener que hacer desaparecer los gestos y arrugas fuertes que caracterizan este tejido. Si la prenda está ya muy seca, rocíela previamente con un poco de agua.

Lino

◇ Se lava perfectamente a mano o a máquina, en agua fría o media (40°) si es de color, o más caliente (60°) si es blanco. Puede encoger.

◇ El centrifugado debe realizarse con suavidad para evitar que haga un poco de pelusa.

◇ Su característica más marcada es la arruga. Para conseguir que su planchado dure más y siempre que sea blanco se puede almidonar. Si es de color se le pueden aplicar algunos productos específicos que ofrece el mercado. Aun así, recuerde que la arruga es la expresión natural del lino y que nunca se podrá mantener completamente liso una vez se utilice.

◇ Admite mucha plancha, muy caliente y siempre a vapor. Planche siempre las piezas húmedas para conseguir un resultado óptimo. Planchar un lino en seco es una pérdida de tiempo, por lo que aconsejamos rociarlo previamente y dejar que el tejido se humedezca en todas sus partes.

◇ En colores claros admite un aclarado suave con lejía.

◇ Puede tenderse verticalmente sin ningún tipo de problemas, pero es aconsejable recogerlo un poco húmedo porque de lo contrario, y en épocas de mucho calor, queda acartonado y extremadamente tieso, lo que dificulta el planchado.

Seda

◇ Es un tejido extremadamente suave al tacto que admite teñidos de cualquier tipo y que mantiene muy sólidos los colores.

◇ Es preferible lavarla con agua fría y a mano, utilizando siempre jabones neutros.

◇ No admite nunca la lejía, pero sí productos similares específicamente tratados para su mantenimiento.

◇ La seda blanca tiene tendencia a amarillear. Para recuperar su color originario hay que sumergirla unos minutos en agua fría con unas gotas de agua oxigenada de 10 o 12 volúmenes y aclarar abundantemente.

◇ Para evitar que la seda blanca amarillee, añada al agua unas gotas de leche fría o de vinagre blanco.

◇ No admite ningún tipo de centrifugado ni de torsión violenta.

◇ Para mantener su apresto añada unas gotas de limón o un poco de azúcar al aclarado final.

◇ No seque nunca la seda al sol, pues éste se come los colores. Tiéndala plana o vertical, según la pieza de que se trate.

◇ Plánchela un poquito húmeda y preferentemente del revés para evitar brillos.

◇ La seda es muy sensible al sudor corporal, pues éste ataca las fibras y las altera.

Tejidos sintéticos

El mundo de los tejidos sintéticos es extremadamente complejo y resulta prácticamente imposible diferenciarlos a través del tacto, el aspecto y la caída. Afortunadamente, empero, su mantenimiento es muy similar en todos ellos dadas sus propiedades análogas o terriblemente parecidas.

◇ Los tejidos sintéticos no admiten bajo ningún concepto la lejía, ya que son sensibles al cloro.

◇ No admiten temperaturas altas.

◇ No admiten centrifugados violentos.

◇ La plancha debe aplicarse a vapor, si bien una de sus propiedades más encomiadas es que prácticamente no se arrugan.

◇ Son totalmente insensibles a las polillas.

◇ Suelen secarse muy deprisa y no pierden su forma ni sus propiedades al mojarse.

Aun así, los tejidos sintéticos reúnen una serie de desventajas:

◇ Favorecen y retienen la transpiración corporal.
◇ Son altamente inflamables.
◇ Son muy calientes.
◇ Su precio no es en absoluto inferior al de los tejidos naturales.
◇ Están totalmente desaconsejados para las personas que padecen alergias.

Los principales tejidos sintéticos son los siguientes:

Acetato. Recuerda en parte a la seda por sus características de peso, brillo y ligereza. Hay que lavarlo a temperatura baja, centrifugarlo con delicadeza y planchar al vapor. El acetato se endurece en contacto con el agua pero tras su secado recupera su suvidad. Es muy fácil y agradable de planchar.

Acrílico. Son tejidos ligeros, sólidos y muy aislantes, que se lavan perfectamente sin temor a que encojan. Su mantenimiento es idéntico al realizado para el acetato. Su único inconveniente es que echa pelusa y hace bolas. Para eliminarlas hay que recurrir a un fuerte cepillado o a un repaso con banda adhesiva.

Clorofibras. Son inflamables, resiten los efectos del sol y son muy agradables al tacto. Su inconveniente es que encogen ante el efecto de las altas temperaturas.

Fibrana. De aspecto idéntico al algodón, se diferencia de éste porque se arruga tremendamente. No presenta problemas de lavado y require siempre un planchado al vapor.

Poliamida. Los tejidos realizados con esta fibra pueden llegar a adquirir cualquier aspecto propio de cualquier otro tipo de tejido. Son tejidos ligeros y resistentes, que nunca encogen y apenas se manchan. No les afecta ni la humedad ni el moho, pero atraen el polvo y tienen tendencia a amarillear y a desteñirse en contacto con la luz del sol.

Poliéster. Entre los tejidos sintéticos, el poliéster es el que ofrece mayores cualidades, pues se lava con gran facilidad, se seca rápidamente, apenas necesita plancha si no ha padecido un centrifugado fuerte y sus fibras resistentes y estables le convierten en un material excepcional para plisados permanentes de faldas y demás prendas. Aparece a menudo mezclado con otras fibras. Su mayor inconveniente radica en el hecho de que si se le somete a un lavado a muy alta temperatura o a un centrifugado extremo, las fibras se rompen y entonces es imposible eliminarle las arrugas.

Rayón. Su aspecto es muy agradable y sedoso. Hay que lavarlo a temperatura media. Su principal defecto es que se arruga y requiere plancha.

Habría que hacer mención, por último, a una serie de tejidos –tradicionales unos, de reciente fabricación otros– por sus características de mantenimiento o por sus rasgos y su aspecto: sería el caso del **terciopelo**, tanto de algodón, como de seda, de lana o mezclado. Su mayor inconveniente, tanto si es liso como si se presenta bajo el aspecto de la pana, es que el pelo tiende a chafarse. Su mantenimiento debe realizarse según cuál sea la composición de sus fibras y siguiendo los consejos dados en cada caso. Es aconsejable llevar a la tintorería los terciopelos más delicados, pero en caso de tratarlos en casa, lávelos a mano con un jabón neutro o a máquina con un programa corto para prendas delicadas, no lo centrifugue y escúrralo con cuidado. El planchado debe realizarse preferentemente del revés y sin presionar demasiado. Para evitar que el pelo se chafe, planche las prendas aplicando encima una toalla y al terminar cepíllelas para que éste se levante. El inconveniente mayor del terciopelo es que atrae muchísimo el polvo, por lo que es aconsejable guardar celosamente las prendas en bolsas transpirables de algodón.

En cuanto al **lamé** es preferible dejarlo en manos de un buen profesional. Aun así, para mantenerlo guardado en su armario, espolvoréelo con un poco de talco, envuélvalo con papel de seda y guárdelo dentro de una bolsa de plástico opaco bien cerrada. Cuando tenga que utilizarlo, bastará con cepillarlo a fondo.

Finalmente, los **tejidos de microfibras**, como por ejemplo la marca registrada Goretex, tienen la ventaja de que se adaptan al clima del lugar, de modo que refrescan en verano y abrigan en invierno, permitiendo en ambos casos que la piel transpire y respire. Su aplicación se centra en gran medida en la fabricación de anoraks y prendas deportivas por ser tejidos totalmente impermeables y aislantes. Su mantenimiento es muy sencillo, pues pueden lavarse en casa sin perder ninguna de sus propiedades: se secan rápidamente, no necesitan planchado y no pierden su impermeabilidad.

NO LO OLVIDE

♦ Para conseguir un mantenimiento óptimo de sus prendas, así como de las piezas de lencería del hogar, siga siempre los consejos del fabricante indicados en las etiquetas adjuntadas a las piezas. Aprenda a interpretar los pictogramas y respételos.

♦ Es aconsejable lavar siempre a mano los tejidos delicados con agua tibia y unas gotas de jabón neutro.

♦ En caso de utilizar lejía, asegúrese previamente de que se ha disuelto totalmente en el agua antes de introducir la prenda a tratar.

♦ Separe la ropa blanca de la de color.

♦ Lave a una temperatura máxima de 60° para evitar estropear las fibras de los tejidos. Utilice el programa de 90° sólo en caso de suciedad extrema y para tejidos de colores claros.

♦ Nunca añada lejía en los lavados de tejidos sintéticos.

♦ No utilice nunca lejía en prendas de colores.

♦ Separe las prendas de colores claros de las de colores oscuros, pues estas últimas suelen desteñir en los primeros lavados.

♦ Para eliminar las manchas blanquecinas de la ropa de color realice un último aclarado añadiendo algunas gotas de vinagre.

♦ Lave preferiblemente los jerséis a mano con un jabón específico, sin restregarlos y escurriéndolos con las manos. Evite tenerlos mucho rato sumergidos en el agua. Realice un aclarado abundante con agua fría y aplique al final unas gotas de vinagre para recuperar la esponjosidad de la lana.

Para conseguir un lavado a máquina excelente, eficaz y delicado con la ropa, recomendamos seguir las siguientes advertencias:

◇ No llene demasiado el tambor de la lavadora. No hay que excederse del peso máximo de 4 o 5 kilos. Cuanto más lleno esté más sucia saldrá la ropa y mayor será el roce que deberán soportar las prendas, afectando así a su mantenimiento general.

◇ Antes de introducir las prendas en el tambor, gírelas del revés.

◇ Introdúzcalas con los botones abrochados, las cremalleras cerradas y los corchetes sujetos, así evitará enredos y nudos.

◇ Dé la vuelta a las prendas estampadas para cuidar el dibujo.

◇ Introduzca las fundas de las almohadas cerradas para evitar que con el centrifugado se rellenen con las demás piezas y lleguen a rasgarse.

◇ Utilice el programa y la temperatura adecuados para cada tipo de prendas, teniendo en cuenta el color, la composición y el grado de suciedad. Ajuste, a su vez, a estas premisas el tipo de jabón y el uso alternativo de lejía y suavizantes.

◇ Utilice una red protectora para el lavado de prendas delicadas tales como jerséis, medias, ropa interior, prendas de seda, ropa del bebé, etc.

◇ Lave la ropa del bebé con jabón delicado, separada de la del resto de la familia y evite la utilización de suavizantes, pues estos productos suelen producir alergias y reacciones cutáneas.

◇ Mantenga al día la lavadora, procurando vaciar regularmente el filtro, retirando el exceso de jabón acumulado en la cubeta y sacudiendo el polvo de la parte posterior.

◇ Procure tender la ropa al poco tiempo de terminar el programa de lavado para evitar que se fijen las arrugas y dobleces por el peso de las prendas húmedas.

Teniendo en cuenta que llegamos a lavar una media de 2,5 kilos de ropa por persona a la semana, es fácil imaginarse la cantidad de energía utilizada, así como el deterioro que los detergentes pueden provocar en el medio ambiente. El consumo de energía depende por completo del programa de lavado seleccionado y, entre todos ellos, el menos perjudicial es el que no incluye prelavado y se realiza a 40°. Que el tambor esté más o menos lleno no afecta en nada al consumo final. En cuanto a los detergentes, bien sabido es de todos que los actuales contienen fosfatos que son el elemento encargado de eliminar la cal de las aguas duras. A su vez, están compuestos por agentes tenso-activos o de superficie, encargados de dispersar la materia grasa y por agentes blanqueadores, tales como el perborato y las encimas. Su eliminación en ríos y mares conlleva serias consecuencias destructoras que afectan tanto a los animales como a las plantas. Por ello se han realizado campañas de concienciación, que finalmente han sido promovidas por los poderes públicos, que obligan a los fabricantes a comercializar detergentes sin fosfatos y a sustituirlos por agentes de origen mineral asimilables por nuestro entorno. Así, al elegir su detergente aconsejamos los siguiente:

◇ Vigilar que no contenga fosfatos y que los agentes tenso-activos no sean petroquímicos, sino vegetales.

Recuerde además que la presencia de perfumes, azulete y perborato es totalmente innecesaria.

◇ Los detergentes en polvo contaminan menos que los líquidos, sobre todo si son polvos compactos.

◇ No siga los consejos de dosificación indicados por el fabricante. Una cantidad menor es perfectamente suficiente y sus consejos sólo obedecen a intereses de consumo y comerciales.

◇ Rechace los detergentes en cuyas etiquetas no se indique la composición.

◇ No haga caso de los argumentos argüidos por la publicidad: más espuma no significa más blancura.

◇ Puesto que cada lugar tiene un tipo de agua diferente, no abuse del uso de productos antical si el agua de su ciudad no es demasiado dura. Infórmese previamente al respecto.

◇ La lejía y los productos contra el óxido son altamente contaminantes.

◇ No utilice de forma mecánica la secadora. Contribuya al ahorro de energía tendiendo al aire su colada. Piense que de este modo su ropa quedará más suave y sufrirá menos el roce mecánico. Recuerde que las secadoras estropean muchísimo los tejidos.

El tendido y secado de la colada

En la medida de lo posible es aconsejable tender la ropa al aire libre, en un lugar abierto en el que corra el aire pero en el que el sol no dé directamente, pues la influencia de sus rayos puede llegar a alterar los colores de las prendas y a amarillear las piezas blancas. Extienda al máximo cada una de las piezas de la colada para facilitar el planchado de las mismas, pero sin forzar en extremo sus fibras. Es aconsejable colgar los pantalones del revés, dejando a la vista tripas y bolsillos para que se sequen más rápidamente, hincando las pinzas en el lado trasero de la trincha. Si el pantalón lleva marcada la raya, tiéndalo por la parte inferior de las perneras haciendo que las costuras interiores se miren la una a la otra. De esta manera al secarse se insinuará la línea que posteriormente marcaremos con ayuda de la plancha. Las camisas, camisetas, blusas, jerséis y chaquetas pueden tenderse mediante el uso de perchas. De este modo el planchado será más rápido y simple. Aun así, las camisas pueden también ponerse a secar por las costuras laterales inferiores, de modo que la pieza quede del revés y el cuello mire hacia el suelo. Los calcetines y medias deben exponerse uno a uno y fijarlos por la parte que toca a los dedos. En cuanto a las faldas, sujételas por la cinturilla y la ropa interior por el punto central de la espalda, dejando bien abierto todo su perímetro para que el aire penetre fácilmente en todos los puntos.

La herramienta indispensable para tender la colada es, por una parte, un tendedero con un mínimo de dos hilos (ello dependerá en gran medida de la extensión de los mismos y del espacio del que usted disponga en su casa) que tanto pueden ser fijos como corredizos. Los primeros están indicados para espacios amplios, cuyo acceso no presenta problemas, mientras que los segundos son ideales cuando el punto de acceso queda limitado a una abertura (ventana). Por otra parte, son indispensables las pinzas. Podemos optar entre las clásicas de madera, mucho más apropiadas para sujetar con fuerza las prendas en caso de fuertes vientos, y las de plástico, más estrechas y finas, cuya ventaja consiste en que dejan menos marca y facilitan el planchado. Para evitar marcas demasiado visibles, fije las pinzas sobre las costuras de las prendas y a la hora de planchar insista especialmente sobre estos puntos.

Otra posibilidad consiste en tender la colada en un lugar cerrado aunque ventilado (por ejemplo, en el cuarto de baño). Si ésta es su opción, procure aumentar la circulación del aire manteniendo todas las puertas y ventanas cercanas al baño abiertas. En caso de no poder resolver así la falta de ventilación, actúe de modo contrario, es decir, caldee al máximo la habitación para evitar que el exceso de condensación estropee la ropa y deteriore las paredes del baño.

Acostúmbrese a recoger las piezas de algodón y lino un poco húmedas para facilitar el repaso con la plancha y en verano extienda esta costumbre a toda la ropa, sobre todo en países de clima templado y cálido, porque la sequedad del ambiente y la fuerza del sol resecan extremadamente las fibras y como consecuencia los tejidos se estropean con mayor facilidad y cuestan más de planchar. Por último, recuerde que las prendas de lana exigen un secado horizontal. No tienda, pues, nunca un jersey de lana (e incluso de algodón o de lino) chorreando, porque se deformará.

NO LO OLVIDE

◆ Para conseguir una limpieza total en los cuellos de camisas y blusas, aplique en seco un poco de detergente antes de introducir la prenda en la lavadora o alguno de los productos específicos para cuellos que ofrece el mercado. Para eliminar restos de maquillaje, frote el cuello con un algodón impregnado en tricloretileno antes de proceder al lavado general. Aplique los mismos consejos en los puños de las camisas y blusas.

♦ Lave sus medias con cuidado y protéjalas con una red antes de meterlas en la lavadora. Séquelas al aire libre y evite el uso de máquinas secadoras. Si las lava a mano, una cucharada de azúcar en el último aclarado contribuirá a alargarles la vida y a que se produzcan menos carreras.

♦ El lavado de las corbatas suele realizarse en la tintorería. Aun así, puede lavarlas en casa con un programa específico para seda o lana —según la composición de que se trate— que no incluya centrifugado. Para eliminar el exceso de agua, utilice dos toallas y póngalas a secar planas. Plánchelas cuando estén todavía húmedas. Para evitar que las costuras traseras se marquen en la parte delantera de la corbata, introduzca un papel un poco grueso, tipo kraft, entre hoja y hoja.

♦ Las mantillas y las piezas de blonda deben lavarse con jabones neutros y retirar el agua mediante la aplicación de toallas. Deben secarse horizontalmente y planchar del revés. En caso de que una pieza antigua se haya puesto amarilla, lávela con unas gotas de lejía. Si el blanco es irrecuperable, es preferible teñirla con un baño de té. Si por el contrario, la mantilla negra ha adquirido un color semejante al de una ala de mosca, añada unas gotas de vinagre o de café al último aclarado y posteriormente almidónela.

♦ Las prendas rojas, al igual que las negras, tienden a palidecer con los lavados frecuentes. Para evitarlo, utilice lavavajillas en lugar de detergentes —los agentes blanqueadores añadidos que llevan son los causantes de este problema— y añada unas gotas de vinagre al aclarado final para hacer subir el tono.

Las planchas de vapor que ofrece el mercado se han convertido en una herramienta indispensable para facilitar una tarea que hace pocos años se concebía como algo muy engorroso y lento. En principio, con este tipo de planchas desaparece la necesidad previa de humedecer la ropa, si bien para planchar prendas de lino es aconsejable no abandonar la costumbre. Para realizar un planchado eficaz y cómodo no olvide llenar el depósito de agua hasta el máximo de su capacidad y controlar que la base esté perfectamente limpia y deslizante. En caso de que note que la plancha se engancha a la tela, cerciórese, por un lado, de que la temperatura es la correcta, o compruebe que no esté sucia la base del aparato. Si se diera el segundo caso, frote la base con jabón y retírelo con una hoja de periódico. También puede intentar frotar la base con una vela y retirar los excedentes de cera deslizando la plancha sobre un papel de seda. Asimismo, puede cortar unos trozos de cera, ponerlos entre dos paños de lana, frotar por encima la plancha caliente y terminar pasando un retal limpio de tela.

Cuando la base de la plancha haya adquirido un tono amarillento, frótela con limón o con unas gotas de vinagre de alcohol. Ambos productos ejercen una fuerte acción decapante. En caso de que la plancha tenga restos de nailon quemado, déjela enfriar y proceda después a limpiarla con un algodón impregnado de acetona. Acto seguido, seque la plancha con un trapo suave.

Puede darse el caso, también, de que al planchar queden restos de un polvo blanco sobre la ropa limpia. Se trata de restos de cal que hay que eliminar del depósito de agua. Para conseguir limpiarlo, llénelo de vinagre de alcohol y caliente la plancha en el programa vapor. Espere a que el vinagre se evapore completamente. Una vez se haya eliminado, desenchufe la plancha y en frío vierta agua limpia en el depósito, para enjuagarlo. Ponga otra vez la plancha en marcha en posición vapor hasta que suelte toda el agua. Repita este proceso de aclarado un mínimo de dos veces. Si nota que los agujeros por donde sale el vapor están obturados, introduzca en cada uno de ellos un palito con punta de algodón impregnado con agua jabonosa.

Cuando empezaron a aparecer las planchas de vapor en el mercado, se aconsejaba la utilización de agua destilada para llenar los depósitos, alegando que con ello se alargaba la vida del electrodoméstico y no se corría el riesgo de ensuciar las prendas. Hoy en día se ha dejado un poco de lado esta costumbre y a menudo se llegan a utilizar ambos tipos de agua indistintamente. Elija usted mismo una u otra según considere que se ajusta más o menos a sus expectativas, pues lo cierto es que la inclinación por una de ellas no afecta para nada el resultado final.

Comience a planchar las prendas más delicadas y las que necesitan una temperatura menor y continúe con las de lana, las de algodón y, por último, las de lino, las más resistentes. Una vez terminadas de planchar, deje reposar unos minutos las prendas para que tengan tiempo de soltar el exceso de humedad acumulado. Si quiere conseguir que desprendan un agradable olor a limpio, añada unas gotas de lavanda o de cualquier otro aroma fresco en el depósito de agua de la plancha.

Camisas

Plánchelas según el orden siguiente:

◇ Parte trasera y delantera del cuello.
◇ Colocar el canesú en el borde de la tabla y repasarlo (ambos lados y espalda).
◇ Interior de la hilera de botones y de la hilera de ojales.
◇ Parte interior y exterior de un puño.
◇ Aplanar una de las mangas por las costuras y repasarla.
◇ Parte interior y exterior del otro puño.
◇ Repetir los movimientos en la otra manga.
◇ Estirar el largo total delantero de la camisa (lado izquierdo) y planchar.
◇ Avanzar en redondo, siguiendo por la espalda hasta llegar al otro lado.
◇ Abrochar los botones.
◇ Doblar la camisa.

Pantalones

Plánchelos del modo siguiente, enfilando el pantalón en la tabla:

◇ Del revés, repasar la cinturilla.
◇ Del revés, planchar bolsillos y parte alta del pantalón.
◇ Del revés, repasar planas las dos perneras.
◇ Del derecho, aplanar cinturilla, bolsillos y parte superior en general.
◇ Del derecho, planchar planas las dos perneras.
◇ Del derecho y si se quiere raya, encarar las dos costu-

ras de la pernera, colocarlas planas sobre la tabla y presionar sobre los centros para marcarla. Repetir la operación trabajando las perneras una a una y desde el interior hacia el exterior de las mismas.

Faldas

Siga los siguientes pasos:

◇ Del revés y abierta la falda sobre la tabla, repase cinturilla y bolsillos si los hubiera.
◇ Del revés, plánchela toda haciendo hincapié en las costuras para que queden planas.
◇ Del derecho, repasar cinturilla y parte alta.
◇ Del derecho, pulir la falda sin presionar demasiado en las costuras para que no queden marcadas.

Faldas plisadas

Empiece por la trincha, del revés.

Del derecho, extienda en plano la falda sobre la tabla y con la ayuda de alfileres, repase los pliegues. También puede intentar mantener fijos los pliegues mediante un hilván. Una vez colocados, planche la falda y retírelos al terminar.

Camisetas

◇ Empiece por las mangas y trabaje en plano sobre la tabla.
◇ Repase el escote y los hombros.
◇ Termine la camiseta avanzando hacia los bajos.

Paños de cocina

Abiertos y extendidos sobre la tabla, aplanando al máximo las costuras.

Toallas

Abiertas y extendidas sobre la tabla, aplanando al máximo las costuras. El vapor contribuye a levantar el rizo de las toallas y a hacerlas más suaves y esponjosas.

Sábanas

Dóblelas previamente y trabaje aplicando la presión de la plancha sobre todas las hojas de tela a la vez. Planche a conciencia todas las costuras y dobleces y en especial la parte superior de la sábana donde se ha bordado el encabezamiento decorativo. Las fundas de almohada pueden plancharse abiertas procurando también suavizar las costuras.

- Para eliminar un tejido amarillento u oxidado, frote la parte con un algodón impregnado en agua oxigenada.
- Las manchas de óxido desaparecen también mojándolas con agua fría y aplicando sal encima.
- Para eliminar brillos, planche la prenda aplicando encima un paño humedecido con agua y unas gotas de vinagre. Procure siempre que el paño sea de algodón o de lino, y blanco o natural.
- Para eliminar las marcas del dobladillo, aplique encima un paño húmedo o repase la marca con jabón y elimínelo con la plancha caliente, intercalando entre ésta y la tela un papel secante o una hoja de papel de seda.
- Para producirse su propia agua destilada, ponga a hervir agua corriente y manténgala en plena ebullición de veinte a treinta minutos. Una vez enfriada, la cal se habrá depositado en la base. Fíltrela con la ayuda de un papel filtrante y guárdela en una botella cerrada.
- Para ahorrar tiempo de plancha, ponga cargas pequeñas en la lavadora y la secadora. Las cargas grandes se traducen en arrugas marcadas.
- Enjuague con agua fría en la medida de lo posible y evite que la secadora se caliente demasiado, pues el calor fija las arrugas.
- Acorte el ciclo de centrifugado ya que suele arrugar mucho las prendas para ahorrar trabajo de planchado.
- Sacuda antes y después del centrifugado las prendas con mayor tendencia a arrugarse.
- Saque la ropa de la secadora cuando todavía esté un poco húmeda, sacúdala y tiéndala.

4. LIMPIEZA A FONDO

LIMPIEZA A FONDO DE VENTANAS

La conservación y mantenimiento de las ventanas es un elemento decisivo para mejorar la apariencia general de una habitación. Pocas cosas influyen tanto en un ambiente como la incidencia y la calidad de la luz que se proyecta a través de éstas. Seguro que usted mismo ha observado y padecido más de una vez los efectos de la luminiscencia en su estado de ánimo y cómo son determinantes para pasar fácilmente de un estado animado a otro de apocamiento con un simple cambio de luz o con una reducción de la misma (por ejemplo, en días nublados). Así pues, si en su hogar los cristales se mantienen limpios es fácil deducir que se sentirá beneficiado. De lo único de que se trata es de cómo conseguirlo y, sobre todo, de cómo mantenerlo del modo más simple.

Para llevar a cabo esta tarea posiblemente haya usted

oído hablar de la efectividad y excelencias de muchas y variadas maneras de abordarla, como puede ser el caso de lavar con un limpiacristales y un paño de algodón o frotar con papel de periódico los vidrios o utilizar una esponja, etcétera. Ahora bien, para acertar en el método basta con observar cómo lo hacen los profesionales. Si se fija usted bien, se dará cuenta de que ninguno de ellos utiliza las herramientas anteriormente citadas, sino que suelen emplear un instrumento parecido a una escoba, esto es, con brazo y cabezal horizontal, recubierto con una goma que es la que recoge y arrastra el agua o producto limpiador que anteriormente haya sido aplicado sobre la superficie del cristal. La elección de las dimensiones del enjugador es algo muy importante y obviamente hay que procurar que se avengan a las medidas de las ventanas de su casa. Aconsejamos la compra de un enjugador para profesionales porque, si bien el precio es algo más elevado que en los de uso doméstico, los accesorios que incluye facilitan la tarea y acaban por representar un ahorro cuantitativo. Así, el material para profesionales incluye unas cuantas láminas de goma con largos y grosores variados para poder limpiar diferentes tipos de ventanas, un botón que facilita su recambio, un cabezal pivotable y diferentes fundas –rulos de esponja de tamaños diferentes– que permiten aplicar correctamente el producto limpiador y realizar un acabado perfecto sea cual sea el tipo de superficie a tratar. Revise a menudo el material con el que vaya a trabajar, pues un mínimo agujero en la goma, la mínima muesca o corte en la lámina pueden dejar una hilera de agua que determinará el acabado final. Por último, no olvide adquirir un brazo extensor que le permita llegar a los puntos más altos e incómodos. Antes de empezar a limpiar los cristales, retire toda la suciedad y el polvo que pudiera haberse acumulado en el antepecho de la ventana. Si tan sólo se trata de polvo, retírelo con un plumero, un pincel o un paño, pero si la suciedad es más profunda, aspírela por la parte interior de la ventana y lávela con agua por la exterior. No olvide nunca esta etapa previa, pues de lo contrario el polvo en contacto con el agua creará unos chorretones que se irán deslizando no sólo por el vidrio, sino incluso por las paredes de su hogar.

Cuando se desea obtener una limpieza absoluta de los cristales el mayor enemigo contra el que hay que combatir es la espuma. Evidentemente, ello determinará en gran medida el tipo de limpiador que deba usarse y explica por qué incluso muchos profesionales optan por realizar su trabajo con agua clara y limpia. Ahora bien, en caso de que su intención sea obtener un resultado perfecto ahorrando en esfuerzos, aconsejamos la utilización de uno de los dos productos siguientes:

Detergente lavavajillas. Este producto reúne una serie de características compositivas muy próximas al que suelen emplear los profesionales, pero aporta además una serie de ventajas. Por un lado, su composición química contribuye a aclarar el cristal sin que queden residuos ni manchas; por otro, se evapora más despacio que la solución con amoníaco, lo que proporciona un poco más de tiempo para realizar el trabajo. Utilícelo en la proporción de una cucharada sopera por cubo de agua.

Amoníaco. No utilice nunca un detergente amoniacado para evitar el duro quehacer de eliminar la espuma. Mezclado en agua (dos cucharadas soperas en un cubo de agua), es el limpiador preferido por los profesionales.

En ambos casos, se trata de productos no alcalinos que funcionan a la perfección en un 95% de los casos. Ahora bien, si se da el caso de que con ninguno de los dos consigue eliminar la suciedad de sus ventanas, es porque ésta es alcalina. Utilice entonces un producto base o simplemente un poco de vinagre blanco mezclado en el agua (aproximadamente media copa de agua por cubo). El vinagre de vino negro, más corriente en la mesa, está totalmente desaconsejado por su fuerte y penetrante olor. Aunque también es efectivo para limpiar, su aroma no está para nada asociado con la idea que podamos tener de limpieza.

Otra consideración importante en esta tarea es que debemos trabajar con agua fría porque tarda más en evaporarse y nos permite disponer de más tiempo para limpiar. Asimismo, si se da el caso de que se deben hacer a fondo los cristales en un día de invierno, utilice guantes de goma para paliar la sensación de frío. Por último, empiece por la parte interior de la ventana, esto es, la de más fácil acceso. Así, cuando realice la exterior y descubra un resto de suciedad, sabrá de qué lado se encuentra y no deberá repetir la salida a la parte más incómoda. Tenga presente también que la incidencia de los rayos del sol sobre las ventanas avivará la evaporación del producto que utilicemos para lavar los cristales y reducirá negativamente nuestro tiempo de actuación. Aconsejamos, entonces, trabajar en los momentos del día de menor luminiscencia o incluso en días nublados, siempre y cuando, evidentemente, ni esté lloviendo ni amenace tormenta.

Utilización del enjugador

Una vez haya aplicado el rulo en la hoja de goma, moje el cabezal de dicha herramienta en el cubo de agua. Eche, previamente, unas gotas de amoníaco o de lavavajillas en él (ver las proporciones anteriormente citadas).

Utilice el brazo extensible para alcanzar las zonas más altas de la ventana y trabaje como si de un cepillo se tratara, esto es, frotando toda la extensión de la superficie hasta que quede húmeda por todas partes.

Si se halla usted en el interior de su casa, sacuda el cabezal del enjugador para que no gotee de solución limpiadora las paredes o el suelo. En el exterior, una salpicadura no representa nada grave.

Se trata de repartir el agua limpiadora de modo que cubra la ventana por completo. Hay que procurar que quede lo suficientemente humedecida como para que no llegue a secarse antes de que haya terminado el trabajo.

Con el tiempo irá consiguiendo la justa medida y apenas goteará. Aun así, para evitar chorretones en paredes y muebles, disponga un paño de algodón en la parte inferior de la ventana para recoger los excedentes de líquido.

Aplique el agua desde arriba y avance hacia la parte inferior de la ventana, procurando presionar suavemente con el cabezal para arrastrar la suciedad de la superficie.

Deposite el rulo en el cubo de agua y proceda a retirar el agua trabajando ahora con la lámina de goma. Sobre todo, recuerde que hay que trabajar con celeridad para evitar que se evapore el agua.

A cada movimiento, la lámina de goma debe estar completamente seca y debe iniciar su recorrido en una superficie también seca. Para conseguirlo, recorra todo el borde del cristal con un paño para dibujar un «camino seco» desde el que trabajar. La parte superior del trazado será el punto de partida y los canales de los lados evitarán que el agua que se va retirando llegue a ensuciar los marcos de la ventana. Una vez realizado este preparativo, seque la hoja de goma del enjugador.

Sitúe la hoja de goma en la parte inferior del «camino seco» superior y con una presión leve, pero firme, deslícela hacia abajo. Coja la herramienta con sus dedos y no con la palma de la mano. Ello le proporcionará mayor flexibilidad de movimientos. Párese a unos pocos centímetros del marco inferior de la ventana para evitar que el agua que va siendo arrastrada lo ensucie.

Seque la hoja de goma y repita el movimiento solapando una parte del recorrido anterior para no dejar señales. Repita tantas veces como sea necesario, hasta que haya abordado toda la superficie de la ventana. No olvide jamás ir secando la hoja entre uno y otro movimiento.

Recoja en sentido horizontal la franja húmeda que quedó en el bajo de la ventana, avanzando desde la izquierda hacia la derecha. Una vez en el rincón, recoja con la ayuda de un trapo de algodón toda la solución limpiadora ensuciada que se ha ido arrastrando.

NO LO OLVIDE

- ♦ Es esencial que la parte superior de la ventana esté perfectamente húmeda, pues es desde ahí desde donde se va arrastrando el agua limpiadora. Por el contrario, si los lados no están perfectamente humedecidos, el agua que pueda llegar a faltar no representa ningún problema para la obtención de una limpieza absoluta.

- ♦ La hoja de goma debe estar siempre perfectamente seca, de lo contrario lo único que se consigue es que patine sobre el cristal mojado y no arrastre la suciedad.

- ♦ El punto de partida del lavado debe también estar absolutamente seco.

- ♦ No olvide nunca retirar el exceso de agua de la hoja de goma entre un movimiento y el siguiente.

- ♦ Avance ejecutando una presión continua y suave. No realice movimientos entrecortados, pues de este modo sólo se consigue dejar rastros.

- ♦ Si hay que trabajar en una ventana de grandes dimensiones, o en caso de que el tiempo sea muy seco y soleado, divida en dos mitades la zona a lavar y proceda como si de una ventana más pequeña se tratara.

Utilice este sistema de lavado para cualquier tipo de ventanas, abatibles, abatibles oscilantes con eje superior, de doble hoja, de hoja simple, francesas, italianas o inglesas. En todos los casos resulta infalible, aunque el tiempo invertido varíe en cada uno de ellos. Asimismo, es aconsejable para limpiar las ventanas de guillotina, pero como posiblemente éstas sean las más incómodas y pesadas de lavar, introducimos unas cuantas sugerencias que, por orden de preferencia, facilitan el resultado final.

En primer lugar, y siempre y cuando tengamos dos ventanas de guillotina una al lado de la otra, se trata de acceder al exterior de una de ellas sentados en el antepecho de la otra y, procurando tener todas las herramientas necesarias a mano para evitar entrar y salir repetidamente, proceder a limpiar la parte de fuera de la primera. Para maniobrar con comodidad es preferible utilizar un brazo corto para el enjugador y trabajar siempre partiendo de una parte seca. Si no consigue alcanzar lo más alto de la ventana con el trapo para trazar el «camino seco», dibújelo con el lateral del rulo. Una vez lo haya conseguido, siga las pautas anteriormente descritas. Cuando haya terminado una de las dos ventanas, siéntese en la primera y repita la misma operación en la segunda. En estos casos es de gran ayuda tener a alguien que pueda ir facilitándole las herramientas necesarias.

Para estos casos deben seguirse escrupulosamente una serie de precauciones. La primera es no confiar a ciegas en el estado del marco de la ventana sobre el que se siente. Revíselo para evitar una caída de graves consecuencias. Asimismo, evite colgarse del antepecho para alcanzar un rincón olvidado. Si sus pies están a más de 25 cm de distancia del suelo, procure trabajar atado a algún lugar que le asegure una buena sujeción. Tampoco está de más utilizar una goma o una cuerda para evitar que el enjugador pueda caer, herir a alguien o romperse. Sea, pues, prudente, y deseche la idea de limpiar los cristales de su casa, si ésta forma parte de un edificio de veinte pisos. Se trata de hacer cuanto se pueda, pero no imposibles. Si, por el contrario, las ventanas de guillotina son de fácil acceso desde el exterior, huelga decir que es preferible trabajar desde ahí.

Otra posibilidad se da cuando hay una única ventana de guillotina. El lavado podrá ser llevado a cabo siempre y cuando las dos hojas de la misma se deslicen sin dificultad hacia arriba y hacia abajo. Ahora bien, si por el contrario las ventanas están encalladas por multitud de capas de pintura o porque la madera se ha hinchado con la humedad o por cualquier otra razón, desista de la idea de dejar la parte exterior limpia, a menos que se tenga acceso directo desde fuera.

En caso afirmativo, proceda de la siguiente manera. En primer lugar, baje al máximo la hoja superior y suba casi hasta arriba la inferior, dejando espacio suficiente para hacer pasar su mano y el enjugador. Una vez así colocadas, limpie la parte superior de la hoja inferior siguiendo los pasos anteriormente descritos. A continuación, deslice ambas hojas hacia arriba y, sentado en el antepecho de la ventana, limpie el exterior de la hoja superior. Finalmente, baje la inferior hacia el marco de abajo, dejando otra vez un espacio suficiente para trabajar. Así terminará el trozo que quedaba de la hoja inferior. En esta ocasión, siga también las precauciones anteriormente recomendadas y no fuerce jamás una ventana de guillotina vieja y atrancada, pues corre el riesgo de que el cristal se desplome.

La última posibilidad, que de hecho es la más frecuente, es la que te obliga a ajustarte únicamente a los movimientos que la ventana permite. Lo cierto es que como la mayoría de

157

ventanas de guillotina han perdido la movilidad no queda más remedio que limpiar hasta donde nos permitan llegar sus hojas. Así, lo ideal es, siempre sentado en el antepecho, mover la hoja inferior hacia arriba y bajar la superior para limpiar la parte libre de la primera, subir la superior hasta el máximo de sus posibilidades y limpiarla toda y, por último, bajar la inferior hasta que dé con nuestras piernas y dejarla lo más limpia posible. Siempre, obviamente, siguiendo las precauciones debidas.

NO LO OLVIDE

♦ El mejor sistema para eliminar restos de pintura de los cristales es rascando con una hoja de afeitar las superficies, que deben estar siempre secas. Utilice el cúter en un ángulo bajo para evitar rayar el cristal y presione suavemente.

♦ Los restos de goma o adhesivo deben ser rociados previamente con líquido limpiacristales y una vez empapados se deben rascar con un cúter. Retire entonces los restos con un paño limpio.

♦ Si tras un lavado normal se observan manchas y restos de suciedad es porque hay grasa en el cristal. Intente eliminarlo con líquido desengrasante y limpiacristales, uno después del otro, y fregando la superficie con un paño.

♦ No intente nunca secar con un paño una gota en un cristal recién limpiado. Lo único que conseguirá será repartirla y ensuciarla. Sencillamente, aplique con el dedo un poco de solución limpiadora y seque los excedentes con un paño seco y limpio.

El sistema tradicional que utiliza líquido limpiacristales y paños de algodón limpios sólo es justificable si en su casa hay un único par de ventanas, si las ventanas únicamente requieren un repaso o si el cristal de las mismas es de superficie irregular, como por ejemplo las vidrieras, trabajadas con plomo. En dichos casos recuerde que hay que aplicar poco producto limpiador, trabajar siempre con paños limpios y secos, avanzar desde arriba hacia abajo mediante movimientos circulares grandes y asegurarse un secado perfecto de las superficies.

LIMPIEZA A FONDO DE TECHOS

Indudablemente, el lavado de los techos es una de las tareas menos frecuentes que debe realizarse en una casa, por lo que se ajusta perfectamente a la idea de «limpieza a fondo». Tenga presente que un techo acumula suciedad de modo completamente distinto al resto de las áreas de una casa, pues ni es pisado, ni hay cuadros colgados en él, ni debe soportar el peso de grandes muebles ni las rozaduras de las sillas y sillones. Asimismo, las incidencias de la fuerza de la gravedad son más piadosas con esta parte de la casa, ya que el polvo suele acumularse en menores proporciones y acaba cayéndose hacia la parte inferior, es decir, el suelo. Por ello, a menos que la luz de una habitación determinada incida directamente sobre el techo, lo más seguro es que no tenga usted que lavarlo más que de vez en cuando, justo para su mantenimiento, o en casos muy concretos de humedades o manchas muy específicas.

Siempre y cuando la suciedad esté distribuida uniformemente por el techo, no debe usted preocuparse mucho por ella. Para verla será necesario lavar una de sus partes. Sólo en ese preciso instante se hará evidente, pero lógicamente no se trata de lavar únicamente un trozo de su superficie. Sin embargo, si decide limpiar las paredes de una habitación, tenga mucho cuidado de no alterar la aparente uniformidad del techo, a menos que quiera extender el trabajo a la totalidad de la sala.

En caso de que las paredes de su casa estén pintadas de distinto color que los techos es muy probable que no deba ni repintarlos si decide hacerlo con las primeras. Ello le ahorrará mucho tiempo y esfuerzo, pues pintar los techos es uno de los trabajos más arduos y cansados que hay y obliga a mover el mobiliario indefectiblemente. Así pues, con esta diversidad de colores se crea una sensación cromática en la que se espera que el aspecto del techo difiera del de las paredes y ello contribuye a ver siempre limpio el primero.

Claro está que la suciedad no uniforme, como manchas y humedades, debe ser tratada y resuelta. La humedad que pueda salir en el techo de un cuarto de baño, por ejemplo, suele presentarse en forma de manchas desiguales de enmohecimiento y lo mismo ocurre con la grasa que se desprende al cocinar y que suele acumularse justo encima de los fogones. El radio de acción ante estos casos depende de algunos factores. Siempre y cuando el estado de la pintura del techo sea bueno y si ha sido cubierto por una capa de pintura satinada, el trabajo de limpieza será ágil y sencillo. Ahora bien, si éste ha sido tratado con pintura normal y además se encuentra muy deteriorada (agrietada, desconchada, con ampollas, pelada o levantada), la elección idónea será optar por la aplicación de una capa de pintura.

Así pues, si su elección se ajusta a la opción de lavado, procúrese de antemano las herramientas y productos necesarios. Para limpiar los techos y también las paredes, el producto sin rival es el amoníaco. Trabájelo rebajado en una mezcla de agua (en la proporción de 1 copa de agua por cubo de agua), preferiblemente fría para reducir la emanación de vapores, y procure tener bien ventilada la habitación para paliar los efectos nocivos de los gases que desprende y hacer desaparecer cuanto antes su fuerte olor. También puede utilizarse cualquier tipo de líquido desengrasante, pero procure que no haga mucha espuma, pues de lo contrario el enjuague será lento y pesado. Asimismo, el fosfato de trisodio es ideal cuando se quiera preparar la superficie para una inmediata capa de pintura.

En cuanto a las herramientas necesarias, procure tener a mano unos cuantos trapos de algodón limpios, un delantal, unos guantes de goma, un cepillo de dientes, un estropajo de dureza media, una mopa con rulo de espuma y una escalera. Tanto si se trata de superficies pintadas con pintura satinada como plástica, el método más rápido es el que incluye la mopa como herramienta de trabajo. La escalera debe ser reservada para aquellos casos en que el techo sea muy alto y ni tan siquiera con el brazo de la mopa podamos acceder a él.

Antes de empezar, procure extender en el suelo un plástico para resguardar de salpicaduras y gotas el suelo. Introduzca la mopa en el cubo de agua con amoníaco y escúrrala hasta que quede suficientemente húmeda para deslizarla por el techo, pero sin que suelte demasiado líquido. Tenga mucho cuidado de no manchar las paredes, tanto si tiene previsto lavarlas a continuación como si no, pues un chorretón seco o una salpicadura se convierten rápidamente en manchas imborrables. Así pues, tan pronto como vea un poco de agua en las paredes, proceda a secarla con un trapo.

Una vez humedecida la mopa, inicie el trabajo por un

lado dividiendo el área total en tres o cuatro partes. Sitúese debajo de la primera y con movimientos hacia adelante y hacia atrás efectuados con sus brazos, vaya repasando toda la parte del techo tratada. Para ejercer correctamente el movimiento no debe intervenir todo su cuerpo, sino únicamente los brazos. Así, los pies sólo deben cambiar de posición cuando considere que ya debe pasar a tratar otra parte. Una vez repasada una zona de unos tres metros cuadrados, proceda a secarla cubriendo la mopa con un trapo. Esta faceta consiste en eliminar el máximo de agua y suciedad acumulados en el techo antes de que se sequen por sí mismos, de tal modo que se contribuya a la obtención de una limpieza más profunda. Si la textura del techo de su casa es más rugosa (estucados) y escupe el trapo al pasar, recubra la mopa con una toalla. A medida que vaya avanzando, solape un área con la inmediatamente anterior para borrar cualquier posible huella divisoria entre ellas. Tan sólo será necesario un aclarado en aquellos techos muy sucios o siempre que usted lo juzgue preferible. En dicho caso, y tras haber aplicado la solución limpiadora, enjuague el rulo en agua limpia, escúrralo a conciencia y proceda a repasar la zona tratada. Vaya aclarando la mopa tantas veces como crea necesario, es decir, cuando usted mismo note que lo único que consigue es repartir la suciedad de un lado a otro en vez de eliminarla.

Al limpiar los techos, el mayor problema que puede presentarse es tener que tratar las esquinas y entregas entre éste y la pared. Aconsejamos empezar a frotar con la mopa a unos diez centímetros de las entregas e ir acercándose a ellas a medida que avance. De este modo evitará manchas y salpicaduras en las paredes y no tendrá que ir secándolas cada dos por tres con un trapo e interrumpir su trabajo. En las esquinas le será muy difícil maniobrar con la mopa. Por ello aconsejamos que limpie esa parte con un paño mojado en agua amoniacada y la seque posteriormente a conciencia. Procure en estos casos tratar con el trapo la menor zona posible, porque cuando ya se haya evaporado toda la solución limpiadora, puede darse el caso de que las diferentes texturas de estas dos herramientas dejen unas huellas diferentes. Procure, pues, extender al máximo el uso de la mopa. Tenga también presente que al emplear el paño, quizá necesitará echar mano de una escalera, pues ya no dispondrá del brazo extensor de la mopa. En dicho caso, es preferible la utilización de escaleras de madera, pues son más seguras que las de aluminio.

Si tiene necesidad de utilizar la escalera, procure trabajar siempre acompañado, con alguien que pueda echarle una mano, acercarle las herramientas y darle mayor sensación de estabilidad.

NO LO OLVIDE

♦ El agua con amoníaco es la mezcla ideal para limpiar la gran mayoría de techos y paredes.

♦ No olvide secar la superficie lavada tras la aplicación de la solución limpiadora: los resultados serán mucho más efectivos.

♦ No utilice el amoníaco y el agua en superficies porosas: el estucado, algunos tipos de yeso y el cemento, así como los techos trabajados con teja o azulejos y losetas pueden ser seriamente agredidos con dicha mezcla. Opte entonces por repintarlas o limítese a aspirar el polvo acumulado.

En raras ocasiones deberá usted afrontar la necesidad de lavar una pared por completo, pues lo cierto es que resulta mucho más práctico pintarla de nuevo o prescindir de una tarea tan poco necesaria. Aun así, su decisión dependerá en gran medida del material en que estén acabados los muros de su hogar, y lo cierto es que siempre y cuando estén tratados con pinturas satinadas o brillantes recomendamos su lavado. En dichos casos, su limpieza y mantenimiento es mucho más agradecido que una nueva mano de pintura y quizás este aspecto sea determinante a la hora de elegir cómo y con qué pintar las paredes de su casa. Antes de empezar a limpiar las paredes, realice un test en una zona escondida para asegurarse, por un lado, que la pintura no sufre ningún daño y, por otro, la urgencia de dicho lavado.

En cuanto a las pinturas mate se refiere, su mantenimiento es mucho más dificultoso e incómodo. Resulta tremendamente difícil hacer desaparecer de las paredes mate las manchas de grasa, las huellas de los dedos, el humo, etcétera, y además suelen resistir muy mal los efectos abrasivos de los elementos químicos que componen los jabones y productos de limpieza. Así, suelen perder fácilmente el color y llegan incluso a deteriorarse en su aspecto. De todo ello se deduce que si usted se ve ante la necesidad de limpiar unas paredes que han sido tratadas con pintura mate, lo más razonable es optar por repintarlas, aun teniendo en cuenta que el coste será superior y el proceso mucho más laborioso e incómodo.

Las paredes que sí suelen requerir un lavado anual o dos son las del cuarto de baño y las de la cocina. Para ello, una vez más recomendamos la utilización del amoníaco mezclado en agua (en la proporción de media copa de agua por cubo, según el grado de suciedad de la pared). Asimismo puede utilizar líquido desengrasante y, al igual que habíamos sugerido para la limpieza de los techos, procure tener a mano unos cuantos paños de algodón limpios, un par de guantes de goma, un cepillo de dientes para zonas difíciles, rincones y restos incrustados de suciedad, un estropajo de dureza media y la herramienta esencial, es decir, la mopa con rulo de espuma. Una vez más el uso de la escalera será opcional o restringido a zonas de difícil alcance.

Antes de empezar la limpieza en sí de las paredes, retire cualquier obstáculo que pudiera entorpecer su avance (sillas, pequeños armarios, cuadros, perchas, etc) y descuelgue las cortinas y visillos, que aprovechará para meter en la lavadora. Cuando haya retirado todos los cuadros y marcos, no quite los clavos, pero tenga la precaución de envolverlos con un trapito para recordar su situación y evitar hacerse daño. Retire, a su vez, el polvo y suciedad acumulada en los marcos y antepechos de la/las ventana/s para no tener que preocuparse más al iniciar el lavado general de las paredes. Utilice para ello el aspirador o un trapo impregnado con líquido desengrasante si la suciedad es muy resistente. Aproveche cada uno de estos movimientos para retirar también cualquier tela de araña que pudiera encontrar.

Una vez listos todos los preparativos y realizadas las fases previas, inicie el lavado mojando la mopa en el agua con amoníaco y restregándola contra la pared, siguiendo una vez más las mismas pautas indicadas anteriormente en el apartado dedicado a los techos. Sitúese usted a medio metro de la pared para poder moverse con comodidad, asegúrese de escurrir debidamente la mopa para evitar chorretones y seque la zona tratada tan pronto como haya quedado limpia. Enjuague la pared tan sólo en aquellos casos en que se presente tremendamente sucia y trabaje desde arriba hacia abajo. Los métodos tradicionales suelen aconsejar trabajar desde abajo e ir avanzando hacia las partes superiores, alegando que de este modo se evitan goteos innecesarios y salpicaduras que pueden ir corriendo pared hacia abajo y contribuir con ello a ensuciarla aún más. Lo cierto es que el riesgo de salpicaduras y gotas existe en ambos casos, pero la ventaja de empezar por arriba es que nunca se debe repasar la parte inferior limpia, sino que ésta va siendo lavada a medida que se avanza. Aconsejamos, eso sí, secar con un paño cualquier chorretón que se deslice hacia abajo para evitar que se seque, pues cuando está húmeda la gota o la salpicadura todavía puede hacerse desaparecer, pero no al contrario. En las partes inferiores o siempre que deba tratar un área cercana a un mueble que no haya podido ser retirado, eche mano de la esponja y trabaje con precisión a mano. A medida que vaya avanzando, limpie también las ventanas, las puertas y las molduras y para los rincones más incómodos utilice el cepillo de dientes (enchufes, la zona que rodea los interruptores, etc).

La mejor manera de asegurarse el mantenimiento de las paredes es ir eliminando progresivamente las manchas y las huellas de los dedos, a medida que se vayan notando. Procure llevar a cabo este ritmo semanalmente con la ayuda del líquido desengrasante y un paño y no lo deje para más tarde.

♦ El polvo de las paredes tratadas con yeso o que han sido blanqueadas con una capa de cal puede ser eliminado forrando el cabezal de una escoba con un paño de algodón. Asimismo, el aspirador, con el cepillo suave, puede ser utilizado para esta tarea.

♦ En principio, todas las pinturas, tanto las mates como las satinadas, exceptuando las que van al agua, soportan un lavado con detergente, si bien las mates son mucho más difíciles de mantener y tratar.

♦ Los papeles pintados pueden ser tratados con agua jabonosa, enjuagados y secados a conciencia con un trapo de algodón, siempre y cuando las indicaciones del fabricante no lo desaconsejen. Así, los papeles pintados no lavables deben mantenerse con un aspirado o repasados con un trapo seco.

♦ Las paredes tapizadas deben ser aspiradas frecuentemente y siempre antes de proceder a un lavado a fondo. Para eliminar manchas, remítase al capítulo dedicado a manchas difíciles y mantenimiento de los tejidos.

MANTENIMIENTO A FONDO DE SUELOS Y PAVIMENTOS

Existen básicamente dos tipos de acabados para suelos: los que se presenta bajo textura de pasta y los líquidos, conocidos por emulsiones. Los primeros se utilizan tan sólo para pavimentos de madera, de corcho y de linóleo, pero su aplicación es tan lenta y laboriosa que en la actualidad prácticamente se ha desechado su uso. En cuanto a los segundos, se trata de mezclas estables de líquidos –agua y cera o agua y plásticos– que pueden ser aplicados cómodamente a través de un pulverizador. Presentan dos tipos de acabados distintos. Por un lado están los de acabado de cera y por otro los de polímero. Los primeros suelen aplicarse básicamente en suelos de madera para obtener mayor brillo. El más apreciado es el que incluye cera de carnauba en su composición, por ser ésta altamente resistente. En cuanto a los segundos, presentan un acabado similar al de las resinas o los plásticos y suelen estar definidos como acabados acrílicos.

Hablando en términos generales, la mayoría de los hogares presenta la instalación de los pavimentos siguientes:

◇ Pavimentos resistentes.
◇ Pavimentos de cerámica o de piedra natural.
◇ Pavimentos de albañilería.
◇ Pavimentos de madera.

Por pavimentos resistentes se entienden aquellos que están trabajados con materiales que soportan los golpes e impactos sin padecer ningún tipo de alteración en su aspecto. Tienen la capacidad de recuperar su grosor tras haber recibido una cierta compresión (como por ejemplo la presión que ejerce un tacón de aguja). Suelen presentarse bajo aspecto de losa o de hoja. Los tipos más conocidos son el vinilo, el poliuretano y la goma. Al tratarse de materiales que carecen de vetas, son ideales para aplicar en cocinas, baños, entradas y fregaderos, esto es, en las áreas de la casa en las que es común emplear el agua. Las losas trabajadas con dichos materiales son de fácil instalación, pero se debe asegurar una aplicación muy cuidada de modo que entre las ranuras no quede ni el más mínimo espacio, ya que de lo contrario se convertirían en un nido de suciedad y en un punto por donde el agua iría filtrándose hasta levantar el pavimento. Para estos pavimentos, a excepción del linóleo auténtico, la cera en pasta está absolutamente contraindicada, en cambio los productos ideales para su mantenimiento son los acrílicos –emulsiones–. En todos los casos, se aconseja además sellar el pavimento desde el mismo momento de su instalación. Esta precaución alargará la vida de sus suelos y facilitará también su mantenimiento.

Entre los más conocidos y de uso más frecuente podemos destacar los siguientes pavimentos resistentes:

Vinilo en hojas: Se obtienen mediante la compresión de partículas de vinilo a altas temperaturas, que dan lugar a unas capas finas pero resistentes a las que se aplica un material de refuerzo. El vinilo es resistente al agua, a los detergentes, a los ácidos, a las grasas y productos oleosos y a la mayoría de los disolventes. Para comprobar si se tata de verdadero vinilo, realice la prueba de la uña: clávela en el material. Si resiste es auténtico; si se agujerea, le están dando gato por liebre. Los pavimentos de vinilo en hojas requieren un sellado posterior a su aplicación y acabados acrílicos.

Vinilo en hojas rotograbadas: La única diferencia con el tipo precedente consiste en que éste lleva intercalada entre la capa de vinilo y la de soporte una capa de esponja, lo que le confiere un aspecto almohadillado. Para estar seguro de su autenticidad puede realizar el mismo test y en cuanto a mantenimiento y acabados utilice los anteriormente descritos.

Linóleo en hojas: Se obtiene a partir de la mezcla de madera y corcho, con aceite de linaza, trementina, resinas y pigmentos, todo ello aplicado a un soporte o entramado. Es atacado por los productos alcalinos tales como el amoníaco y requiere un mantenimiento continuo que le ha hecho desaparecer casi por completo de los hogares actuales. El pavimento de linóleo debe ser sellado con un producto sellador apropiado para maderas y encerado también con un producto específicamente diseñado para suelos de madera. Los acabados acrílicos deben ser totalmente rechazados.

Poliuretano en hojas: Se trata de una superficie dura y fuerte que requiere poco mantenimiento. Hay que sellarlo y aplicarle un acabado acrílico.

Baldosas compuestas con vinilo: Se obtienen de la mezcla de vinilo con otros materiales densos. Es un material un poco más delicado que las baldosas 100% vinilo y se resiente con los productos químicos propios de la limpieza del hogar. Aun así, es muy resistente a las grasas y al aceite. Debe ser sellado y mantenido con productos acrílicos.

Baldosas de vinilo: Muy similares a las anteriores, deben tratarse de igual manera.

Baldosas y hojas de goma: Se realizan con caucho natural y sintético. Es un material discreto, muy duradero y resistente al agua, pero terriblemente difícil de limpiar si está texturado. Ya que no es resistente a las grasas, su aplicación en cocinas está muy discutida. Se deteriora ante la incidencia de la luz solar, por lo que no está recomendada su instalación en porches y terrazas. No precisa ni se recomienda un sellado, pero sí una aplicación de dos capas de productos acrílicos.

Baldosas de asfalto: No son resistentes a la grasa, ni al aceite pues su origen compositivo también incluye sustancias oleosas. El vinagre y la fruta pueden manchar este tipo de pavimento, a menos que se enjuaguen de inmediato los restos, por lo que está contraindicado en cocinas. No deben utilizarse ni ceras ni limpiadores con disolventes para tratar estos suelos, pues lo estropean. Hay que sellarlo y mantener con un producto acrílico.

Baldosas de corcho: Es uno de los suelos resistentes más discretos y confortables y completamente adecuado para bibliotecas, salas de estar y todas las habitaciones de la casa en que se desee crear una atmósfera de paz. Tras su instalación, debe ser sellado con un material para pavimentos de madera y encerado de inmediato. Soporta mal las manchas de grasa. Los diferentes tipos de baldosas de cerámica tienen como denominador común el hecho de estar horneadas con arcilla, mientras que su acabado puede ser o bien esmaltado (brillante, satinado o mate) y no requerir sellado, o no esmaltado (sin ningún tipo de pulido, como sería el caso de la piedra natural), que sí puede ser sellado. Las baldosas de cantera son simplemente piedra cortada en estado natural. Las baldosas de cerámica esmaltada suelen ser impermeables a la suciedad, pero ésta sí suele acumularse en el material de unión que queda entre ellas, por lo que aconsejamos realizar un sellado específico de estas líneas de unión. Este tipo de losas sólo necesitarán el sellado en caso de que sean muy antiguas y hayan perdido el vidrio del esmaltado, pues en dichos casos, las baldosas han pasado a ser porosas y su mantenimiento se hace entonces muy difícil. Utilice para ello un sellador para terrazo y aplique dos capas de producto. Repita la aplicación cuando el efecto del sellado vaya desapareciendo.

En este tipo de pavimentos descritos no hay que aplicar jamás ceras o acrílicos, pues son suelos muy resistentes que no necesitan más protección. Además, se corre el riesgo de hacerlos más deslizantes de lo que ya son por naturaleza.

Baldosas esmaltadas: Se presentan con acabado mate, brillante o satinado y con superficies lisas o texturadas. Dentro de este grupo se incluyen las losetas de mosaico que se venden en formato de grandes losas. No requieren sellado.

Baldosas de patio: Son de textura tosca y de forma irregular. Requieren sellado.

Baldosas de pavimento: Tienen un color cercano a la tierra, son anchas y no esmaltadas. Requieren sellado.

Baldosas de cantera: Su textura es tosca y su color rojizo como la arcilla. No están esmaltadas. Utilice un sellado para terrazo y aplique una o dos capas de acrílico, según el brillo que se desee obtener.

Mármol: Requiere un sellado especial. Son pavimentos muy vulnerables a los productos ácidos. Si por accidente le cayera en el suelo zumo de limón, de naranja, vino o vinagre, aplique un poco de bicarbonato sobre la mancha para neutralizar sus efectos.

Terrazo: Se obtiene al encastar pequeñas piezas de mármol en cemento. Su soporte es muy vulnerable al agua y a los líquidos en general, por lo que se desaconseja emplearlo en cocinas y baños. Trátelo como si de mármol entero se tratara.

Piedra manufacturada: Estos suelos de ladrillos o cemento son extremadamente porosos e irregulares, por lo que requieren varias capas de sellado y otras tantas de productos de acabado, vigilando que el último sea un acrílico.

Pizarra: Se presenta en grises, verdes y azules. Oscurecen con un sellado y sólo se recomienda si lo que se desea es conseguir un juego de tonalidades en su pavimento. Sí puede darle un acabado acrílico, vigilando que no quede una superficie peligrosamente deslizante.

Losa: Requiere un sellado propio para pavimentos de albañilería y un acabado acrílico.

Los suelos de madera suelen presentarse como parquet, como entablado o en forma de listones de madera, pero estas características de aspecto no son determinantes para su mantenimiento, sino que es el acabado quien lo define.

Acabado plástico: Los acabados pueden ser poliuretano y similares y están especialmente diseñados para durar por lo menos diez años y no preocuparse por su mantenimiento o sellado.

Barnizado: Debe ser protegido tanto con un sellado rico en ceras y penetrante, como con cera en pasta –si dispone de mucho tiempo– o cera líquida para suelos de madera –preferentemente enriquecida con carnauba–. La primera debe aplicarse de rodillas y con las manos, y la segunda nos permite utilizar una mopa de gamuza o una máquina enceradora.

Hasta el momento nos hemos estado refiriendo constantemente al encerado y al sellado de los suelos como actividades de limpieza a fondo, pero en ningún momento hemos planteado la posibilidad de decapar o pulir los suelos como un paso previo a los dos anteriormente citados. Hasta cierto punto, el decapado de un pavimento es una tarea que puede ser encargada a profesionales externos, si bien ello no impide que un particular pueda realizarlos. Ahora bien, en el último caso hay que advertir que se trata de una tarea lenta, laboriosa y pesada.

Hasta cierta medida, el proceso aquí descrito puede ser aplicado a pavimentos resistentes, pero nunca a suelos de madera o corcho. El método de pulido más rápido y seguro para cualquier tipo de pavimento es el que emplea la menor cantidad posible de agua, pues ahorra tiempo de recogida y disminuye las posibilidades de empapar la base del mismo y su consecuente pudrimiento. Asimismo, hay que procurar utilizar cepillos no demasiado agresivos para evitar rayadas y sustituirlos por esponjas o estropajos de dureza media. Antes de emplearlos, haga una comprobación en un rincón del suelo para comprobar en qué grado puede deteriorarse. Asimismo, aspire el área del suelo que vaya a tratar y retire de su paso cualquier pieza de mobiliario que pudiera estorbarle.

Una vez preparado el campo de acción, aplique en una zona determinada del pavimento un poco de producto decapante. Procure dividir la totalidad del espacio a tratar en unas cuantas partes, de modo que a medida que extiende el producto en una segunda parte, éste ya haya tenido tiempo de actuar en la primera antes de empezar a retirarlo. Trabaje así sucesivamente hasta abordar todo el espacio. No escatime decapante. A medida que vaya usted repitiendo esta labor irá aprendiendo a encontrar la medida justa. Lo estrictamente necesario es que el suelo se mantenga húmedo todo el rato en que se tarde en retirar. Tan pronto como el producto entra en contacto con el pavimento, los componentes químicos empiezan a atacar y ablandar la superficie. Una vez aplicado y tras esperar unos minutos a que haga acción, eche mano del cepillo para restregar la cera sobrante. Si encuentra puntos más resistentes en los que el producto decapante no ha logrado disolver la cera o acrílico viejos, rásquelos con una rasqueta, sin olvidar, empero, que la superficie debe estar siempre húmeda y que la presión debe realizarse en un ángulo bajo. En caso de que le resulte más cómodo, la misma acción de rascar puede ser aplicada mediante un estropajo de dureza media o uno de hilos de acero. Humedezca siempre que sea necesario la zona a tratar con unas gotas de agua o con más producto decapante, pero cuide de no excederse en el uso del agua porque la tarea de recogerla es muy incómoda y dificultosa.

Una vez haya hecho efecto el producto decapante y haya usted terminado de restregar el suelo, retire toda la mezcla de suciedad, restos de cera, de producto decapante, grasa y cualquier otra cosa que pudiera hallarse en el suelo con la ayuda de un *squeegee* y una pala, y si la suciedad es muy resistente emplee una esponja y enjuague el suelo con agua limpia. Una vez llegado a este punto, el proceso de decapaje puede darse por terminado. A continuación, y después de dejar secar el suelo, se puede proceder a su encerado –siempre y cuando no haya decidido prescindir de este acabado–. Para avivar el proceso de secado, se pueden utilizar ventiladores –situados a ras de suelo– o fuentes de calor.

NO LO OLVIDE

♦ El proceso de decapar un pavimento es una actividad opcional, previa al encerado y sellado del mismo.
♦ Aunque puede ser llevado a cabo por usted mismo, recomendamos hacer decapar el suelo de su casa a un equipo de profesionales.
♦ Divida el área a tratar el subzonas, de modo que la aplicación del producto decapante pueda ir haciendo efecto a medida que es aplicado en otro espacio.
♦ Una vez haya hecho efecto el producto, frótelo con un cepillo. Retire, entonces, los restos con una herramienta para limpiar cristales o enjuague el suelo con una esponja y agua. Acto seguido deje secar el pavimento.

En cuanto al encerado de los pavimentos se refiere, en cierta medida es más relevante la preparación de la superficie que hay que tratar y la correcta aplicación de la cera, que el producto en sí mismo. Así pues, tras terminar el proceso de decapado ha llegado la hora de limpiar a conciencia el suelo. Para ello aconsejamos fregarlo con agua y amoníaco, retirar cualquier pelusa o polvillo, y enjuagarlo como mínimo dos veces para evitar que la propiedad alcalina del amoníaco estropee la cera. Tenga en cuenta que un aclarado incorrecto puede conllevar un encerado apagado y manchado, y que su correcta realización se traduce en un mayor grado de protección, en una mayor durabilidad y una mejor apariencia del encerado. A continuación, retire de su campo de actuación todos los objetos que pudieran estorbarle para encerar el suelo, recoja las cortinas en lo alto para evitar que se manchen, cierre la puerta de la habitación para evitar que entre polvo de cualquier otro lugar e impida el paso de toda persona que no esté vinculada al proceso.

El paso esencial en el proceso global del encerado es conseguir la aplicación de una finísima capa de cera, lo más delgada que humanamente se pueda. Con ella se obtiene un aspecto inmejorable, una máxima durabilidad y resistencia y en un futuro próximo en que se decida reponerla, resultará más fácil de decapar. Por el contrario, una capa gruesa apagará el aspecto y el color del suelo, lo hará más resbaladizo, la parte inferior de la capa quedará más blanda y con riesgo a dibujar marcas, acumulará con mayor facilidad el polvo y en general será mucho más difícil de mantener en óptimo estado.

Para aplicar la cera es necesario, y aconsejable para su esqueleto, proveerse de un aplicador con mango largo, cuyo cabezal irá forrado con un cepillo de lana pura. Puede usted recurrir a la vieja fórmula de trabajar desde el suelo, arrodillado, pero el sistema que le sugerimos es sin lugar a dudas mucho más práctico. A continuación vierta en el suelo unas gotas de cera y extiéndalas muy finamente ejerciendo un par de únicos movimientos de vaivén. No repase la zona más veces, ya que con ello sólo conseguirá que la cera se hinche y salgan burbujas. Trabaje estableciendo zonas pequeñas y teniendo siempre la precaución de no pisar las ya tratadas y de apartar lejos de sí el frasco de cera para evitar pequeñas catástrofes. Tenga mucho cuidado de no olvidarse ningún trozo de suelo a medida que avance. Asimismo, si tropieza con algún resto de suciedad rebelde, elimínelo con la rasqueta o con un paño y líquido desengrasante, pero sobre todo asegúrese de su total secado antes de aplicar la cera.

La aplicación de dos capas de cera y dos de sellador es suficiente para asegurar una protección y apariencia óptimas. Entre una y otra deberá esperar aproximadamente unos veinte minutos, tiempo suficiente para el secado de capas finas. Si observa que estos minutos son insuficientes es que las capas que aplica son demasiado gruesas. Para evitar la acumulación innecesaria de cera y la aparición de capas extremadamente gruesas en las zonas menos pisadas, aconsejamos no extender la segunda capa de cera en estos puntos. Contrariamente, la de sellador sí es aconsejable que en ambas ocasiones cubra la extensión general del pavimento.

- Las capas de cera y de sellador deben ser lo más finas posible para conseguir un encerado duradero, lustroso y bien aplicado.

- Si el aplicador se ensucia durante su uso es porque el suelo no está suficientemente limpio. Pare el proceso de encerado y limpie a fondo el suelo, esperando siempre a que se seque por completo antes de reiniciarlo.

- El encerado y sellado no deben repetirse antes de tres meses para suelos muy pisados y son válidos hasta seis meses en suelos más protegidos.

- El mantenimiento de los pavimentos encerados se limita a un aspirado o barrido, preferentemente diario (si hay niños o animales domésticos en casa), sin necesidad de mover los muebles.

- El suelo de las cocinas requiere ser fregado como mínimo una vez por semana con una mezcla de agua y amoníaco. El de la entrada, también una vez por semana; y el de la sala de estar, una vez al mes. Ello sin dejar de aspirar regularmente (a diario) todas las habitaciones, pues cuanto menos aspire, más deberá fregar a corto plazo.

LA LIMPIEZA A FONDO DE ALFOMBRAS

Existen diferentes formas de llevar a cabo una limpieza a fondo de las alfombras. Entre ellas podemos distinguir:
La popularmente conocida como limpieza a vapor es el método más empleado tanto por profesionales como por parti-

culares –siempre que alquilen los instrumentos necesarios–. Consiste en la aplicación por inyección de detergente y agua –fría, caliente o templada– y simultáneamente se produce un aspirado húmedo o extracción de la solución limpiadora ya sucia. Existe una variación a este método que incluye la actuación de un cepillo entre las dos actividades previamente descritas. La mayor ventaja de este método es su rapidez de lavado. Su mayor desventaja es que emplea mucha agua y que tarda en secarse, influyendo en el deterioro de la trama que puede llegar a pudrirse. Requiere siempre la eliminación previa de manchas concretas y resistentes.

Este sistema emplea una máquina limpiadora que lleva incorporado un disco giratorio. Se trata de un cepillo de nailon que aplica directamente de un depósito de la máquina el producto limpiador, el cual es recogido de inmediato por succión. Su mayor ventaja es la profundidad de lavado conseguida, pues el cepillo levanta los pelos de la alfombra. Su mayor desventaja es que se necesita mucha habilidad para no empapar la alfombra y que precisa de otra máquina aspiradora-secadora.

La tercera posibilidad incluye el empleo de la espuma aplicada mediante un cepillo de cedas de nailon, que es retirada con la ayuda de una aspiradora-secadora. Su mayor ventaja es que la espuma evita que el agua empape demasiado la alfombra y permite un secado rápido. Su mayor desventaja es que no es efectiva para suciedades extremas y que las cerdas del cepillo pueden llegar a dañar las fibras de la alfombra.

Este nuevo método consiste en la aplicación de un material absorbente seco impregnado con disolventes para limpieza en seco y detergentes mediante la fricción de un cepillo rotativo de cerdas de nailon. El polvo mantiene la suciedad en suspensión y ésta es aspirada rápidamente. Su mayor ventaja es que no hay que padecer por el deterioro que pueda ejercer el agua y que la alfombra puede ser pisada inmediatamente después de terminar su limpieza. Su desventaja mayor es el no ser efectivo en suciedades extremas, la dificultad de retirar la espuma por completo y que las cerdas del cepillo pueden dañar el pelo.

Consiste en la utilización de una funda de algodón o rayón absorbentes aplicada en el cabezal giratorio de la máquina de limpiar suelos. El limpiador es aplicado mediante un atomizador, a mano, o a través de un depósito incluido en la máquina. Su mayor ventaja es que la alfombra queda poco húmeda, que puede ser pisada al cabo de poco rato y que los restos de limpiador pueden ser retirados perfectamente. Su desventaja mayor radica en que carece de potencia suficiente para eliminar la suciedad persistente. A su vez, el movimiento giratorio puede dañar las fibras.

La elección de uno u otro sistema viene determinada en gran medida por el grado de suciedad en que se encuentren sus alfombras. Si éste es muy elevado, los mejores métodos son el primero o el segundo, y una tercera posibilidad consiste en plantearse la posibilidad de destinar el trabajo a profesionales. En caso de que prefiera hacerlo usted, tenga mucho cuidado de no mojar en exceso la alfombra y asegúrese un secado perfecto, pues la humedad puede dañar las fibras, provocar pudredumbre y moho, encoger o estrechar las alfombras y alterar las características del entramado.

Cuando lo único que precisen sus alfombras sea un repaso de mantenimiento –porque son nuevas o porque ya las ha limpiado en profundidad– los mejores sistemas son o bien el último, esto es, el que emplea una funda de algodón absorbente y limpiador, o el cuarto, es decir, la limpieza en seco. Siempre y cuando esté contraindicado el empleo del agua para el lavado de sus alfombras, deberá optar por la limpieza en seco. Aun así, el método de la funda quizá sea el ideal: se seca muy deprisa, no deja residuos de limpiador ya que se aplica en la superficie y es recogido inmediatamente por la funda, lava la parte superior de las fibras, que de hecho es donde se acumula la suciedad, sin correr el riesgo de que quede depositada en la base. En pocas palabras: es seguro, eficaz y práctico.

Una vez más, antes de iniciar el proceso, procure retirar de su campo de acción todas aquellas piezas de mobiliario que puedan estorbarle. Acto seguido, aspire la/las alfombra/as a conciencia mediante el empleo del cepillo fuerte y del brazo batidor que levanta la suciedad. Prepare su botella atomizadora con el líquido limpiador de alfombras y antes de rociar la totalidad de su superficie, aplique un poco de spray directamente a las manchas más rebeldes que suelen acumularse en las zonas de mayor paso y, con la ayuda del cepillo de dientes, restriéguelas. A continuación rocíe ligeramente *toda* la alfombra, repitiendo la aplicación donde haya manchas. En este preciso momento puede iniciar el lavado repasando la superficie con la máquina. Si el grado de suciedad es bajo, actúe de inmediato; si la alfombra está medianamente sucia, espere cinco minutos a que la solución limpiadora actúe; en caso de estar muy sucia, espere diez.

El secreto de la utilización de una máquina de limpiar suelos consiste en controlar sus movimientos y direcciones a través de ligeros movimientos ascendentes y descendentes ejercidos sobre el mango. Estos cambios sutiles son los que infieren el movimiento giratorio a la máquina y según la presión se inclinen hacia adelante o hacia atrás y ello se traduzca en un avance hacia la derecha o hacia la izquierda. Si bien resulta un poco complicado maniobrar estas máquinas al principio, recuerde que la fuerza bruta complica siempre la situación y que tan sólo se deben marcar gestos que insinúen la dirección que se desea tomar. A medida que vaya avanzando recomendamos colgar la cuerda del hombro para poder maniobrar cómodamente.

Inicie el proceso en una de las esquinas superiores de la alfombra y vaya repasando toda su superficie con el cabezal de la máquina forrado con la funda. Ésta deberá ser cambiada tan pronto como observe que ya no puede absorber más suciedad. Puede usted ponerlas a la lavadora y guardarlas para una próxima ocasión. Tenga, además, a mano el cepillo de dientes y el líquido desengrasante y empléelos cada vez que distinga una mancha rebelde. Una vez la alfombra se haya secado vuelva a aspirarla a conciencia. Éste es el toque final para un acabado perfecto. Coloque de nuevo los muebles en su lugar y dé por terminada la tarea.

NO LO OLVIDE

♦ La limpieza a fondo de las alfombras de su hogar deberá llevarse a cabo de una a dos veces por año.

♦ Es importantísimo asegurarse un óptimo secado para no estropear las alfombras.

♦ Para el mantenimiento diario de las alfombras basta con realizar un aspirado frecuente, recoger de inmediato cualquier salpicadura que pudiera convertirse en mancha y tratarla con líquido desengrasante y el cepillo de dientes, emplee felpudos en todos los puntos de entrada y salida de la casa para evitar expandir la suciedad por todas partes.

En la limpieza semanal solemos pulir piezas metálicas tales como los marcos de la mampara de la ducha, las lámparas, los marcos de fotografías, etc., mediante la utilización de productos específicos de uso corriente. Ahora bien, hay una serie de objetos domésticos que requieren un tratamiento particular y que son sometidos al pulido sólo de forma ocasional. Éstos suelen estar trabajados en plata, bronce, cobre o aluminio.

Para el tratamiento de la plata, el mercado ofrece una gran variedad de productos cuya diferencia básica estriba entre los que precisan un aclarado con agua y los que pueden ser pulidos y secados directamente con un paño. Asimismo, la plata puede ser tratada con productos aptos para cualquier tipo de metal, si bien hay que vigilar que su composición no sea excesivamente fuerte para dicho metal (la mezcla ideal combina la trementina con el amoníaco y productos abrasivos). Hasta cierto punto, la elección de uno u otro producto es una cuestión de gustos en la que puede influir el tipo de plata que se deba lavar, su antigüedad, su composición, etc. En caso de que sus objetos de plata solamente necesiten un repaso rápido o eliminar pequeñas impurezas, también puede recurrirse al empleo de líquido desengrasante aplicado con un paño. Para superficies lisas, los productos limpiadores junto con los trapos de algodón son suficientes para obtener un lustrado perfecto, pero para piezas muy labradas aconsejamos emplear un cepillo de dientes de cerdas blandas y paños para retirar el exceso de producto pulidor. Por último, rechace por completo los sistemas nuevos en los que se sumerge la plata en un producto químico que mezclado con una hoja de aluminio garantiza resultados espectaculares. En realidad esta unión de elementos destruye la capa superficial de la plata y le hace perder todo su brillo natural.

Los objetos trabajados en metal o cobre no suelen ser tan ornamentados como los trabajados en plata, y ello facilita en gran medida su pulido. La primera cosa a tener en cuenta es si los objetos han sido esmaltados o no, pues en caso afirmativo el empleo de abrillantadores es completamente inútil. Se deben limpiar, entonces, con un paño y líquido desengrasante. Para los objetos no esmaltados, cualquier tipo de limpiador de metales funciona, pero no los enjuague nunca bajo el grifo por mucho que las instrucciones del producto así lo recomienden, pues el cobre y el bronce pierden brillo en contacto con el agua. Asegúrese siempre de retirar perfectamente el pulidor del objeto con la ayuda de un paño limpio. Si conserva usted una sartén o un cazo antiguos de cobre cuyas bases presentan un color negro intenso a consecuencia de su contacto con el carbón, aplique un paño impregnado con amoníaco y déjelo actuar entre 15 y 20 minutos. A continuación, friegue la base con un estropajo de dureza media y púlala. Repita la acción tantas veces como sea necesario.

El aluminio es un metal muy difícil de lavar cuando ya se ha picado o se ha descolorido y no responde a los productos de pulido específicos para plata, bronce y cobre. La mejor forma de actuar es la prevención. Así, recomendamos mantener alejado del aluminio cualquier producto alcalino (como la espuma del jabón en la ducha) y cualquier tipo de sales. Algunos limpiadores de metal aumentan su efecto si son aplicados con un paño humedecido con vinagre (no emplee nunca el amoníaco para lavar aluminio), pero le avanzamos que nunca se obtiene un resultado absolutamente satisfactorio cuando el aluminio ya ha sido alterado.

NO LO OLVIDE

- Conserve sus objetos de plata en vitrinas de cristal para acrecentar la duración de su brillo.
- Hay muchos alimentos que suponen una agresión a la plata: la sal, los huevos, las aceitunas, el vinagre, algunas carnes, condimentos especiales para ensaladas y muchas frutas. La razón es su naturaleza sulfurosa o/y ácida. Si emplea usted bandejas o utensilios de plata para su presentación y servicio, procure protegerlos con una lámina de cristal o procure enjuagarlos inmediatamente después de su uso en agua clara.
- El sulfuro es el enemigo químico por excelencia de la plata, es el agente que lo deslustra. Como suele derivarse de los productos de plástico y goma, es aconsejable no guardar la plata cerca de objetos trabajados con dicho material. De igual modo, la gamuza está plenamente desaconsejada para guardar objetos de plata porque desprende sulfuro.
- Guarde su plata en bolsas de tela y con tiras de alcanfor para aumentar la durabilidad del lustre.

5. AYUDA EXTERIOR

Hasta cierto punto y teniendo en cuenta la falta de tiempo que caracteriza hoy por hoy la vida de la mayoría de las personas, es más que posible que muchos de nosotros optemos por encargar la realización de las tareas de limpieza doméstica a terceros. Hasta hace poco tiempo era más que frecuente encontrar en muchos hogares la figura de una mujer de la limpieza que estaba absolutamente integrada al círculo familiar, a sus costumbres y a su cotidianidad, pero en la actualidad tan sólo quedan algunas pocas lares en las que se disfrute de un personaje parecido. Lo cierto es que ya son pocas las personas que optan por un trabajo de características similares que conlleva dedicación exclusiva y, hasta cierto punto, dependencia absoluta. Posiblemente la introducción de la mujer en el campo laboral haya favorecido la demanda de asistentas del hogar por horas y ello haya propiciado, a su vez, que las personas dispuestas a realizar los quehaceres domésticos en casas ajenas se hayan, hasta cierto punto, profesionalizado.

De todo ello se han derivado dos tipos de figuras, humanas las primeras, empresariales las segundas, encargadas de poner solución al tema de las tareas domésticas. En cuanto a la primera figura, se trata de personas que de modo individual y cobrando por horas acceden a poner a punto una casa ajena. Se trata, a menudo, de inmigrantes a los que no se les brinda otra posibilidad de trabajo o que por sus aptitudes y su falta de preparación se ven abocados a este tipo de ocupación. Dentro de este grupo pueden encontrarse también jóvenes estudiantes que necesitan costearse la carrera o profesionales –del ramo artístico, por ejemplo,– que todavía no han conseguido hallar su puesto de trabajo. El mayor inconveniente de este colectivo quizá sea, por un lado, las diferencias culturales y las consecuentes malas interpretaciones de lo que se entiende por limpiar, y, por otro, la falta de seriedad de profesionales que trabajan únicamente para salir del paso y que carecen de un bagaje que garantice su efectividad.

Las compañías de limpieza constituyen la segunda figura o tipología. En dicho caso, éstas no sólo alquilan sus servicios y su personal, sino que lo forman y distribuyen a las personas de la limpieza ahí donde son requeridas, y en caso de enfermedad se encargan de sustituir al trabajador por otro, de modo que el cliente no salga perjudicado. Algunas de ellas tienen por costumbre mandar a grupos enteros de limpieza y otras a individuos únicos. Uno de los elementos más prácticos de estas empresas de limpieza es que, hasta cierto punto, el usuario establece con ellas una relación laboral reglamentada que especifica con claridad los deberes y los derechos de cada una de las partes. Por el contrario, en el primer grupo hay muchas personas que forman parte de la economía sumergida y por ello es casi siempre imposible establecer las reglas de un compromiso laboral serio. A menudo la relación se fundamenta en una confianza en la palabra dada, pero desgraciadamente hay ocasiones en las que alguna de las dos partes puede salir perjudicada.

Opte usted por la fórmula que más le convenga, pero en ambos casos procure tener muy claro que su casa se convierte durante unas horas y para una/s persona/s en su lugar de trabajo. Por ello le aconsejamos establecer con la mayor claridad posible unas reglas de trabajo claras y precisas, a la vez que un ambiente de seguridad y respeto para con estas personas. Tenga presente que el espíritu de trabajo con el que su señor/a de la faena abordará la limpieza y cuidado de su casa se traduce siempre de la imagen que usted transmita a través de ella. Así, si es usted capaz de crear un ambiente de trabajo positivo en su casa, el trabajador se sentirá integrado y cómodo y procurará dar lo mejor de sí mismo. La gente que se siente bien da óptimos resultados. Procure, pues, motivar a esta persona desde el mismo momento en que entre en su casa. Trátelo cortésmente, pero dejando bien claro que es usted el jefe, sea ordenado y recoja todas aquellas cosas u objetos personales que puedan facilitarle el trabajo y que a usted no le interese descubrir, asegúrese del buen funcionamiento del equipo de limpieza y de que no falta ningún producto esencial para llevarla a cabo, otorgue tareas con sentido y no trate a quien le cuida la casa como a un siervo –no le haga hacer lo que usted no haría–, infórmele ampliamente de qué quiere que se haga, cómo y en qué orden, de qué no debe tocarse, etc. Aliéntele haciéndole saber lo mucho que contribuye al buen funcionamiento de la casa y permítale participar en la organización del trabajo, déle las gracias a menudo y ofrézcale algún obsequio en fechas señaladas –Navidad, Semana Santa, para las vacaciones de verano, si ha habido alguna noticia alegre en el seno de su familia, etc.–. Comuníquese siempre con ella/él, aunque sea mediante notas. Recuerde que aunque sea breve y corta es una forma de diálogo que todo ser busca poder establecer con su prójimo. En pocas palabras, haga que su trabajo se convierta en un reto, potencie sus habilidades y alábelas.

Una diferencia apreciable entre recurrir a la colaboración de un trabajador autónomo –o en la economía sumergida– o a la de una compañía de limpieza es que, mientras con los primeros se suele establecer el acuerdo oralmente y se especifica el número de horas y a cuánto se pagará cada una de ellas, con los segundos se suele partir más a menudo de una valoración de la cantidad de trabajo por realizar y éste determina el precio que habrá que pagar. Hasta cierto punto, la segunda actitud es más clara, pues puede darse el caso de que el trabajador que va por libre, una vez acordadas las horas y el precio de éstas, decida que según qué tarea no entra en su campo de acción. En dicho caso, no siempre es fácil llegar a un consenso y posiblemente a usted no le interese tener por chica/o de las faenas a una persona que no hará ni la mitad de las mismas.

♦ Una vez haya adquirido una cierta confianza en la persona de la limpieza, y teniendo en cuenta que se la suele hacer trabajar en los momentos en que el propietario/a no está en casa, el mejor sistema para que pueda entrar en ella sin problemas es facilitarle una llave. Asegúrese de que no la lleva unida a ninguna seña identificativa, así en caso de pérdida no hay que temer por la visita inesperada de los ladrones.

♦ En caso de que tenga usted a un trabajador no oficializado en su casa procure establecer unas normas que indiquen cómo actuar en caso de ruptura o deterioro de alguna de sus pertenencias. A menudo, las aseguradoras con las que se haya firmado una póliza del hogar pueden cubrir este tipo de accidentes domésticos. Infórmese previamente. Ahora bien, si ha optado por recurrir a una agencia de profesionales de la limpieza es muy posible que en sus seguros haya incluida una cláusula específica; compruébelo de antemano.

♦ Una de las quejas más frecuentes de las personas que solicitan una ayuda doméstica es la falta de puntualidad de los trabajadores y, sobre todo, la falta de comparecencia el día acordado. En el momento de contratarles o de pactar un trabajo no pase por alto este tema y procure establecer un ritmo de actuación que comprometa a ambas partes. Por otro lado, y del mismo modo que usted exige puntualidad y compromiso, no se acostumbre a hacer cambios con el día y la hora acordados con la persona de la limpieza.

♦ Haga saber sin reparo lo que le gustaría que hiciera y cómo.

- Invite a trabajar con música o a beber un poco de agua o cualquier bebida refrescante si así lo necesita la persona, antes de que pueda tomarse otro tipo de libertades que quizá no sean de su agrado.

- Si el trabajador pertenece a una empresa de servicios de limpieza, lo propio es que el material y las herramientas las disponga él. En el caso contrario, esta tarea corre a cuenta suya.

- Preserve su intimidad guardando celosamente todos aquellos documentos que pudieran dar una idea de su estado financiero, de temas laborales comprometidos o de cariz público o que pudieran informar, por ejemplo, sobre sus prácticas y tendencias sexuales, religiosas, políticas, etc.

- Las propinas son siempre bien aceptadas e incluso esperadas en fechas señaladas. Teniendo en cuenta que la tipología del trabajo que realizan se incluye dentro del concepto de «servicio», esta costumbre sigue estando muy extendida.

- Procure alquilar siempre los servicios de personas que sean profesionales en su tema. Se evitará pequeñas (o grandes) preocupaciones tanto personales como a nivel material.

6. PRECAUCIONES Y SEGURIDAD

Afortunadamente hoy en día, en las sociedades más avanzadas, hay una plena concienciación de la seguridad en el trabajo. Atrás han quedado aquellas estampas inhumanas en las que una persona debía someterse a cualquier tipo de penuria para poder ganar algo a cambio.

Dentro del mundo de la limpieza, tanto si se realiza desde una perspectiva profesional, como doméstica, hay que tener los ojos bien abiertos a la hora de utilizar según qué productos, hay que saber hasta qué punto son compatibles y pueden ser mezclados, hay que ser consciente de que se trata de un trabajo en el que a veces hay que encaramarse so riesgo de caídas y hay que tener muy presente hasta dónde alcanzan nuestras habilidades y nuestras aptitudes.

Asimismo, el hecho de que a lo largo de muchos años la humanidad haya recurrido al uso de potentes agentes limpiadores para eliminar la suciedad que siempre la ha acompañado ha puesto en grave peligro nuestro entorno. Recientemente se ha empezado a tomar conciencia de este daño potencial y han aparecido productos alternativos relativamente más benignos para el medio ambiente que los tradicionales. No estaría de más, pues, que de forma colectiva, aunque a nivel personal, se buscaran las alternativas adecuadas y se procuraran gestos más solidarios. Con ello le animamos a que revise los productos que tiene por costumbre utilizar y a que los cambie por otros si los considera nocivos o dañinos y también a reducir las cantidades utilizadas, pues se suele exagerar mucho en este aspecto, amparados bajo la idea de que a mayor cantidad de producto, mayor limpieza. Esta misma reflexión puede hacerla extensible a su propia persona y pensar que cuanto menos agresivos sean los productos que emplea, menos repercutirán en su salud.

Como medidas de seguridad mínimas queremos hacer mención, por un lado, del uso de máscaras y, por otro, del empleo de guantes de goma. Aconsejamos recurrir al uso de máscaras protectoras siempre que esté trabajando con algún tipo de limpiador del que emanan gases tóxicos y vapores. En el momento de adquirir esta herramienta, no elija la máscara más económica, pues tan sólo filtra las partículas de polvo y no es capaz de bloquear el paso de los vapores. Para asegurarse un trabajo protegido decántese por las máscaras de tipo industrial que llevan incorporado un alimentador de aire y asegúrese siempre de trabajar en un lugar perfectamente ventilado.

Utilizar guantes de goma, por su parte, es una idea excelente y terriblemente práctica. Una vez más, adquiera los más resistentes a los efectos corrosivos y abrasivos de algunos agentes limpiadores.

La mayoría de nosotros creemos que a través del etiquetado de los productos se puede obtener una información razonable acerca de los peligros personales y medioambientales que se pueden correr, pero desgraciadamente las etiquetas que llegan a manos de los consumidores casi nunca facilitan una relación de muchas de las sustancias potencialmente más dañinas. Este hecho viene amparado por una cuestión judicial que indica que tan sólo debe ser referida aquella sustancia que por ley ha sido definida como peligrosa. Existe un listado de productos considerados extremadamente nocivos y que deben ser referidos en las etiquetas para conocimiento de los consumidores, basado en su grado de inmediatez. Con lo cual, se eliminan todas aquellas sustancias que sí pueden ser contaminantes y nocivas, tanto a nivel individual como ambiental, pero sólo a largo plazo. Así, sólo se tienen en cuenta los elementos cancerígenos, los que pueden producir mutaciones genéticas y los teratológicos, es decir, los que pueden provocar malformaciones y defectos de nacimiento. Evidentemente, no es muy tranquilizador llegar a imaginarse todo lo que, inconscientemente, metemos en nuestro propio hogar y echamos fuera del mismo.

Por todo ello, sugerimos un replanteamiento personal y una concienciación que pueda llevarnos a emplear aquellos productos que, si bien no son en absoluto inocuos, deterioren nuestro entorno y nuestra salud lo mínimo posible. E invitamos, además, a emplear aquellas fórmulas que antaño utilizaban nuestros antepasados y que afortunadamente aún hoy tenemos a nuestro alcance. Sin lugar a dudas podemos afirmar que éstos fueron mucho más ecologistas que nosotros, ya que aprovechar los recursos que tenían a mano para limpiar es una buena forma de preservar la naturaleza, además de ser una actitud muy ahorrativa y solidaria.

Así pues, entre los **productos desengrasantes** elija uno que sea respetuoso con el medio ambiente, que no incluya demasiados elementos químicos y que en la medida de lo posible haya sido elaborado con algas marinas, ya que éstas provocan una reacción que en contacto con la suciedad contribuye a hacerla desprenderse de su soporte, facilitando así su recogida y eliminación. Se trata pues, de escoger aquellos productos que no «maten» las células vivas, sino que arrastren la suciedad para que de este modo ni las bacterias ni el moho tengan dónde alimentarse y no puedan, en consecuencia, desarrollarse. Tenga en cuenta que si un producto es ofrecido publicitariamente como un «destructor» de gérmenes, éstos, como células vivas que son, serán ciertamente eliminados, pero también padecerán dicho efecto aniquilador

196

todas las células vivas de su cuerpo que de un modo u otro entren en contacto con él. Como alternativa tradicional y ecológica a este producto, pruebe a utilizar una mezcla de vinagre blanco con agua (media taza por cada cuarto de litro de agua) o 4 cucharadas soperas de bicarbonato diluido en un cuarto de litro de agua. Su efectividad está más que demostrada.

En cuanto al uso de la **lejía**, recomendamos hacer una utilización controlada del producto y aclarar con abundante agua las áreas que hayan sido tratadas con éste. Si bien no está considerada como un material dañino para el medio ambiente, hablando siempre en términos de uso doméstico, pues al llegar al sistema de drenaje comunitario suele descomponerse en una variedad de sales comunes, a nivel personal debe ser empleada con precaución y no inhalar nunca sus vapores. Para mitigar sus efectos puede emplearse rebajada en agua. Como alternativa proponemos la mezcla de boro con agua –actitud secundada por Greenpeace–, la cual si bien no es tan efectiva contra el moho, sí es menos perjudicial para el ser humano. Recuerde que la lejía sólo puede ser mezclada con algún detergente y que está contraindicada cualquier otra combinación con limpiadores e incluso con bicarbonato.

La existencia de lejía en la fórmula de los **polvos limpiadores** es el elemento activo más degradante del medio ambiente, por ello es recomendable emplearlos también con moderación. A nivel individual, al igual que para la lejía, es recomendable emplear guantes de goma, ventilar correctamente la habitación en la que se trabaja y enjuagar las superficies tratadas con abundante agua fría. Como alternativa sugerimos el empleo del bicarbonato, pero hay que evitar aplicarlo en superficies delicadas, porque al tratarse de un elemento alcalino puede deteriorarlas si no son debidamente aclaradas.

Una vez más, haga un uso moderado de las **servilletas de papel** y procure acostumbrarse a sustituirlas por paños de algodón o por gasas y pañales de bebé. De emplearlas, procure escogerlas de buena calidad porque así podrá emplear un número inferior. Además suelen estar manufacturadas sin tintes ni colores de ninguna clase y sin blanqueadores que son los causantes de su transformación en dioxinas. La alternativa es cualquier retal de algodón puro.

El **amoníaco** es, sin lugar a dudas, un producto muy potente, capaz de irritar los pulmones, los ojos e incluso la piel. Ahora bien, a nivel medioambiental y desde una perspectiva doméstica sus efectos nocivos son poco claros, si no inexistentes. Puede, por lo tanto, emplearse para fregar el suelo, pero no lo eche por el inodoro y menos si usted ha instalado un dispensador de lejía en él. No existe ninguna alternativa tan eficaz como el amoníaco para obtener una limpieza sin igual, pero aun así puede probar a mezclar una taza de vinagre blanco por un cubo de agua. Tenga en cuenta, empero, que esta solución no debe ser empleada en suelos de mármol que no soportan productos ácidos.

Los productos **limpiadores de hornos** son, por regla general, altamente abrasivos a causa de uno de sus componentes: el hidróxido de sodio. Sus efectos en el medio ambiente a nivel doméstico no son muy graves, pero a nivel personal su propiedad de cáustico les hace altamente peligrosos para la piel. Recuerde que dichos productos deben aplicarse SIEMPRE cuando el horno esté frío, pues de lo contrario en contacto con el calor desprenden unos vapores de gran toxicidad. Como alternativa, coloque un bol de porcelana con media taza de amoníaco y la misma cantidad de agua tibia en el interior del horno y deje actuar toda la noche. La idea es que los gases que se evaporan del amoníaco reblandecen la costra de suciedad. Al día siguiente, antes de abrir la puerta del horno, abra las ventanas de la cocina de par en par para que se disipen cuanto antes estos vapores tóxicos. Colóquese también una máscara para mitigar sus efectos. Sugerimos además hacer suyas una serie de medidas preventivas en el momento de la utilización del horno para reducir el uso y las cantidades de limpiador de hornos: cubra con papel de aluminio o con una tapadera cualquier comida que se cueza al horno y procure aplicar temperaturas de cocción medias.

Los **líquidos limpiadores de azulejos** suelen estar compuestos por un ácido –ácido fosfórico– capaz de eliminar la costra de espuma y los depósitos minerales derivados del empleo de jabones y geles de baño. El ácido fosfórico es un elemento biodegradable, pero en su proceso de variación compositiva da lugar a un elemento muy nocivo: la sal de fosfato. Bien sabido es que los fosfatos son los causantes de la muerte de los peces y de la vida acuática en general porque fomentan la aparición de unas algas que se alimentan del oxígeno contenido en ríos y lagos. Por todo ello, le invitamos a adquirir un producto que no sólo sea biodegradable, sino que carezca de fosfatos y de ácidos. La mejor alternativa sigue siendo el vinagre blanco rebajado con agua (media taza del primero por un cubo de agua). A esta propuesta se han sumado otras más novedosas que consisten en aplicar en las baldosas una pasta de bicarbonato con agua o emplear ácido cítrico. Como hábitos preventivos recomendamos aclarar con agua las paredes de la ducha después de un baño y secarlas con un paño para retirar la cal. El agua caliente habrá reblandecido las superficies y éstas serán más fáciles de tratar; asimismo, en lugares donde el agua sea muy dura, aplicar un purificador de agua. Asimismo, cambiar de jabones puede ayudar: pase de uno en pastilla a un gel, o vigile que esté fabricado con aceites en vez de con grasas.

Para el mantenimiento de **muebles** recomendamos sustituir la cera por aceite (de nogal, por ejemplo) y adquirir botellas más que pulverizadores, pues los gases que desprenden pueden dañar las mucosas nasales, los ojos y las vías respiratorias de los niños.

Por último, sea extremadamente consciente de que **el agua** es un bien escaso. Por ello le invitamos a hacer un uso racional y moderado de este fluido. Una de las maneras es no emplear esponjas, sino trapos; trabajar de arriba hacia abajo para evitar repetir aclarados y reconocer el momento indicado en que debe procederse a enjuagar.

◆ Una base de las actitudes ecologistas sigue de cerca la regla de las tres erres, esto es, reducir, reutilizar y reciclar.

◆ Rellene los botes pulverizadores manuales con sus propios productos. Así evitará la difusión de gases nocivos para la capa de ozono.

◆ Las servilletas de papel y el papel higiénico deben ser preferentemente blancos, nunca coloreados ni con impresiones y asegurarse de que no han sido tratados con blanqueadores químicos.

◆ Los limpiadores químicos deben consumirse con mucha moderación. Son muy contaminantes y pueden ser sustituidos por un poco de arenilla y unas gotas de vinagre para arrastrar las incrustaciones.

◆ Todos los productos comerciales contienen descalcificantes químicos y en especial los líquidos suelen ser bastante agresivos. Algunos incluso contienen ácido fosfórico o clorhídrico. El vinagre es el sustitutivo natural (con un poco de paciencia) para terminar con las incrustaciones calcáreas de la grifería del cuarto de baño o de la lavadora.

◆ Los embaldosados se limpian rápidamente aplicando una mezcla de blanco de España y un poquito de agua.

◆ Los azulejos que han perdido brillo se restauran fregándolos con una solución de amoníaco.

◆ Los espejos y cristales pueden lavarse alternativamente con agua y unas gotas de lavavajillas. Se recupera su lustre frotándolos con alcohol y secándolos con un paño de algodón.

◆ Para fregar los suelos utilice únicamente agua clara y hágalo frecuentemente para evitar el uso de productos más fuertes.

♦ Cuando se derrame un poco de comida en el horno, aplique sal en caliente y una vez se haya enfriado el interior, frote la mancha con un estropajo. No deje que los restos se fijen en las bases o en las paredes.

♦ La plata puede ser limpiada con mondas de patata o sumergiéndola en leche agria. Posteriormente debe ser secada con un paño de algodón.

♦ El vinagre y el zumo de limón sirven para desincrustar y fregar la cocina y el baño. Eliminan residuos de jabón y depósitos de grasa.

♦ El blanco de España es un poderoso limpiador y un agente para lustrar.

♦ El jabón graso sirve para limpiar suelos naturales (terrazo no impermeabilizado) y los protege con una pátina calcárea que les confiere además un brillo satinado.

♦ La sosa es ideal para fregar y limpiar, para desatascar desagües y para eliminar olores molestos.

♦ El jabón en escamas y los limpiadores sin aditivos blanqueadores ni desinfectantes son ideales para llevar a cabo la limpieza doméstica general.

7. CÓMO MANTENER EN ORDEN LA CASA

Es muy posible que si formuláramos a unas cuantas personas la pregunta anterior, más de una soltaría una carcajada de sorpresa ante una idea tan elemental, pero si ahondáramos en su conciencia quizá descubriríamos un cierto temor real a no saber ni por dónde empezar ni cómo actuar. Y es que a menudo, las cosas que parecen más sencillas, las que deberían venir dictadas por el sentido común –dicho sea de paso, tan poco «común» en la mayoría de nosotros– son las más difíciles no sólo de plantear, sino sobre todo de llevar a cabo. Posiblemente muchas de estas personas tan supuestamente sorprendidas tengan una vaga idea de por dónde y cómo hay que dirigir la actuación, pero saber qué hay que hacer no basta para hacerlo. Pasar a la acción es, sin lugar a dudas, el ejercicio más difícil que se impone a las personas.

Así pues, hágase un autoexamen y procure averiguar si es usted una persona desordenada y si su casa está dominada por el caos. Observe su entorno. ¿Le resulta difícil encontrar las cosas? ¿Invierte usted mucho tiempo en hallarlas? ¿Dedica todo el tiempo del día a realizar las cuatro tareas básicas de mantenimiento de la casa? ¿Le da vergüenza invitar a sus amigos? ¿Le parece que muchas de las cosas que tiene acumuladas en su casa podrían ser pasto fácil de las llamas? Si ha respondido afirmativamente a todas o a la mayoría de las preguntas es que necesita poner orden a su casa. Tenga presente que en una casa dominada por el caos, las energías no fluyen correctamente y ello repercute en su estado anímico, en su descanso, en su trabajo y en sus relaciones sociales. Tener que invertir grandes esfuerzos por encontrar un objeto cualquiera en su propio hogar es un desgaste de energía y una pérdida de tiempo irracionales. Sin dejar de mencionar que también es una pérdida de dinero, pues está usted pagando una cierta cantidad por un espacio –su casa o su apartamento– que debería revertir en positivo y usted lo está convirtiendo en un simple trastero. Seguramente ni a usted ni a nadie le hace la menor gracia estar pagando a precio de vivienda unos metros cuadrados empleados como almacén de inutilidades.

La solución consiste en aceptar que detrás de esta actitud hay un grave problema de organización y que la respuesta se traduce en conseguir una reducción del volumen de objetos y cosas inútiles guardados. A menudo nos justificamos estableciendo una relación afectiva con esos objetos inútiles, nos lamentamos pensando que al deshacernos de ellos estamos arrojando al cubo de la basura una parte de nosotros –aunque sea en forma de recuerdos– y siempre nos conformamos pensando que tal vez nuestros hijos, nuestros hermanos pequeños o cualquier otra persona querrán en un futuro –muy remoto– aprovechar *nuestras cosas*.

A continuación procuraremos establecer unas cuantas pautas de actuación que le invitamos a seguir para que pueda usted, de una vez por todas, pasar a la acción. Seguro que una vez haya empezado, le invadirá una fantástica sensación de felicidad, de haberse quitado de encima un peso pesado, se sentirá más a gusto en su entorno y con aquellos que lo comparten, y llegará incluso a tener la sensación de llevar las riendas de su propia vida, ahora mucho más productiva. Los consejos que vamos a referirle a continuación deben quedar bien claros, tanto que incluso le aconsejamos, en un inicio, escribirlos en una hoja de papel y tenerlos bien a la vista.

Si al poner orden entre sus cosas duda sobre qué es lo que debe hacer con ellas, opte por tirarlas. La primera vez, y si su duda es muy profunda, haga la prueba con un objeto determinado. Deje pasar un período de tiempo prudencial –una semana, por ejemplo–. Si a lo largo de estos siete días y siete noches, usted no ha sentido ni la más mínima necesidad de recuperarlo, es que no lo necesitaba para nada. Una vez superada la prueba, prosiga con la purga sin miedo. Evite caer lo menos posible en la tentación de adquirir todo aquello que esté a nuestro alcance. La vida ofrece muchísimas oportunidades de adquirir cosas, pero debemos aprender a no «aprovecharlas» todas y a ser más selectivos. Así, acostúmbrese a hacer caso relativo de los juegos de seducción propuestos por la publicidad, no compare constantemente sus posesiones con las de sus vecinos o familiares, intente luchar contra sus propias inseguridades y costumbres; todo ello contribuirá en gran medida a no acumular objetos innecesarios.

Almacenar trastos es una costumbre cara y a veces casi un lujo. Posiblemente se sorprenda cuando calcule lo que llega a pagar por almacenar trastos. Primero calcule cuánto paga usted mensualmente por metro cuadrado de vivienda y luego aplique la cantidad a los metros que invierte como almacén. Tenga en cuenta que la cantidad puede aumentar si además colecciona usted objetos de un cierto valor y si éstos están repartidos por toda la casa, es decir, por todos los armarios, las estanterías, los cajones, etc. Y es que una habitación que funciona a modo de trastero no es la única fórmula válida para disimular el desorden en una casa. Haga un repaso a todo el espacio de los armarios roperos en los que guarda ropa que ya no utiliza, que no le sienta bien o que no le cabe o sobre la que mantiene claras esperanzas de reciclar a unos treinta años vista. Debajo de las camas suelen acumularse también los objetos más insospechados (cuadros horrorosos, cosas rotas que hay que arreglar,...) y los cajones dan cobijo a una enormidad de artilugios dispares, desde bolígrafos secos a gomas podridas, pasando por facturas de hace cuatro años, montones de medias con carreras y calcetines agujereados, toallas resecas o manteles llenos de manchas peleonas que ningún detergente se ha atrevido a eliminar. Asimismo, los estantes de una librería, rebosantes de libros que hace años que no mira –si es que lo llegó a hacer alguna vez–, de apuntes de la carrera que guarda como un homenaje polvoriento a su juventud o las repisas abarrotadas de búhos de todas las formas, materiales y dimensiones posibles, de preciosas cucharitas de plata o jarroncitos de porcelana. Los libros de los hijos, obsoletos y estropeados, las enciclopedias anticuadas o los libros de cocina, demasiado exóticos para nuestros gustos, suelen acumularse en los altillos, y ese abridor de latas que parecía de lo más moderno en su día, o el aparato para hacer masaje de pies que sólo empleó una vez porque tiene muchísimas cosquillas, etc., son escondidos en los cajones del armario del cuarto de baño o en el de la cocina para no poner en evidencia su carácter caprichoso e impetuoso. Incluso en la nevera. Si miramos con atención, en su interior hallaremos botellas de salsas que nos parecieron horribles, botes de pimienta verde que utilizaste por última vez hace más de medio año, unos restos de lentejas que ya han empezado a echar moho –¡y es que los días vuelan!– o esos espagueti japoneses que suele traer su cuñada del país de los nipones y a los que ni tan siquiera les ha brindado la oportunidad de ser probados una sola vez. Y de este modo, posiblemente en cualquier rincón de su casa encontraremos algo que merece ser, si no tirado, por lo menos «retirado» de su hogar. Analice si puede ser útil a alguien y regálelo, o arréglelo si está estropeado y no desea desembarazarse de él, pero, sobre todo, no vuelva a arrinconarlo por «si acaso».

Y ello nos lleva a una tercera regla: **Si no va a utilizarlo, quítelo de en medio.** Regálelo, tírelo, véndalo o recíclelo. Lo que mejor le parezca, pero no lo guarde esperando a que «mañana» le llegue la oportunidad. No se trata de despojarse de todas sus posesiones, sólo de escoger entre las que realmente le son útiles y las que no. Hágalas vivir en otras personas o bajo formas distintas y déles su tiempo en otras manos. Para evitar volver a acumular objetos innecesarios, acostúmbrese a realizar este ejercicio como mínimo una vez al mes.

Mantener las cosas en orden contribuye a no almacenar trastos. Procure siempre guardar las cosas siguiendo un criterio de funcionalidad, es decir, almacene los platos todos en un mismo armario, haga lo mismo con las cacerolas, con los vasos, con las latas de comida, etc., y en un lugar cercano al sitio en que deban ser empleadas. Ello le facilitará encontrar en cada momento lo que busca y saber cuándo hay necesidad de reponerlo.

Ordene las cosas a cada momento. Este consejo queda perfectamente explicado con el refrán «No dejes para mañana lo que puedas hacer hoy». Tome una decisión sobre las cosas en el preciso momento en que las esté llevando a cabo y afróntelas con ánimo de solucionarlas. Por ejemplo, al recoger el correo evite dejar tiradas las cartas que no le interesan. Ábralas de inmediato, tírelas al cubo de la basura si lo cree necesario y si no, clasifíquelas y prepare su respuesta.

Recicle los objetos que ya no le sean necesarios. Almacene el cristal, el plástico, el papel y el aluminio y en un solo viaje eche todos los objetos, botellas, latas, periódicos, etc., en los depósitos contenedores que el ayuntamiento dispone para ello. Asimismo, regale la ropa, los muebles, los electrodomésticos, etc., que ya no utilice a los centros de reparto benéfico para que otras personas puedan hacer un buen uso. Utilice potes de cristal o bandejas de aluminio para almacenar sus mermeladas hechas en casa o para guardar el contenido de cualquier producto que venía presentado en latas.

Limite el número de ejemplares de una misma cosa. Evidentemente, cada cosa puede tener su propia cantidad. No es lo mismo hablar de latas de atún que de libros, pero en cada caso procure encontrar la medida correcta que se ajuste al uso que usted realice de cada cosa.

Guarde los papeles importantes en un único cajón. Todas las facturas, los recibos, los papeles para hacer las declaraciones de la renta, las cartillas del banco, el testamento, las pólizas de seguros, el libro de familia, la partida de nacimiento de su hijo/a, etc., deben estar almacenados juntos en un lugar único. Escoja usted un lugar que le resulte fácil de recordar y que a la vez sea discreto y seguro. Y lo suficientemente grande para almacenar en orden los papeles.

Haga algo. Precisamente en la simplicidad del enunciado se halla la fuerza del mensaje. No se tome este consejo como una tontería. Lo único que se pretende con él es animarle a empezar el cambio, animarle a poner fin a una costumbre que se supone es reprobable por usted. Una vez haya aceptado que hay que hacer algo, que hay que actuar, habrá superado su propia indecisión y esa inercia que le justificaba, ya que el mejor aliado del desorden es la inactividad y el dar vueltas constantemente sobre un mismo tema. Cuanto más rodeos le dé a las cosas, menos tiempo le quedará para realizarlas. Y aunque no sepa por dónde empezar, qué hay que guardar y qué hay que tirar, dónde y de qué forma almacenarlo, etc., no desfallezca. Si acepta sus propias limitaciones conseguirá encontrar el camino.

Un lugar para cada cosa y cada cosa en su lugar. Hay un tipo de desorden de muy fácil solución que no es necesario eliminar para dejar de serlo, sino que debe ser ubicado en su lugar correcto para conseguir que forme parte del equilibrio del orden. Recuerde que es esencial que cada objeto esté en su lugar, pues de este modo le será fácil encontrar las cosas cuando las necesita y no deberá invertir horas inútiles en su búsqueda. No olvide nunca que es mucho más fácil decidirse a poner las cosas en su sitio y en orden, que el hecho de hacerlo.

Haga un repaso frecuente de todo aquello que hay en su entorno y elimine lo sobrante. Eche un vistazo crítico a todo aquello que le rodea y si considera que ya no lo necesita determine qué hay que hacer con ello. Por ejemplo, el suplemento dominical del periódico: a menos que no hubiera tenido tiempo de leerlo en su día o que quisiera releer un artículo que le pareció interesante, o guardar una ilustración que le servirá para que sus alumnos entiendan la lección, etc., échelo al contenedor de reciclaje de papel. Si hay algún artículo interesante, recórtelo y archívelo, sin olvidar de hacer una ficha que indique su contenido, fecha y autor. El reloj de pared que ya no funciona es otro fantástico ejemplo. En caso de que lo tenga usted colgado de la pared por una cuestión ornamental y afectiva, no hay nada que objetar, pero si lleva sin funcionar o tocando mal las horas desde hace medio año, decida llevarlo al relojero para ver qué solución le encuentra. Y de este modo, analice la funcionalidad de las cosas, su carga afectiva, el espacio que ocupa, etc. y recuerde que todo aquello que esté de más en su casa no hace más que estorbar y acumular polvo (y luego será usted quien deberá retirarlo).

No deje las cosas para «después». Éste es uno de los consejos más difíciles de llevar a cabo porque hasta cierto punto obliga a las personas a modificar su forma de ser, es decir que sugiere a las personas que dejen de ser comodonas y un poco frescas, para pasar a ser más responsables. Sobre todo cuando se vive acompañado (en familia, compartiendo piso, en pareja, etc.). De forma resumida, se trata de dejar una habitación igual que la encontró al llegar. Así pues, cuando lleve «cosas» a una habitación, retírelas cuando vaya usted a abandonarla y haya terminado de utilizarlas. NUNCA debe dejarlas ahí en espera de que «se recojan solas». Tras un viaje, descargue del coche todo el equipaje que se llevó. Recoja las cosas inmediatamente después de haberse caído. Recoja las manchas inmediatamente después de producirse. Aspire, friegue o barra cualquier estropicio que pudiera haberse dado, inmediatamente después de que haya ocurrido. Lave los platos y las encimeras y fogones antes de que los restos de comida queden pegados y secos. Doble la ropa una vez haya terminado de secarse en la máquina o en el tendedero. Plánchelas cuando todavía están un poco húmedas. En el fondo, se trata de aprovechar a cada instante el tiempo de que disponemos, de hacerlo de forma ordenada y sabiendo que cada cosa tiene su tiempo ideal. Ahora bien, no se agobie con el ritmo que sugerimos. Empiece a meterse en esta dinámica poco a poco, comenzando por las tareas que le resultan más simples y con el paso del tiempo verá cómo cada vez le resulta más fácil organizar sus movimientos y coordinarlos con las necesidades de cada instante. Piense que cuanto menos atrasadas deje las cosas, menos sensación de desorden tendrá y más fácil le será continuar avanzando.

Ponga etiquetas identificativas a las cosas. Este consejo es de gran utilidad cuando decidimos almacenar en el congelador la comida recién comprada, ya que con el paso de las horas, y aunque se empleen envoltorios transparentes, los paquetes se vuelven todos iguales y nos resulta imposible recordar cuál es su contenido. Así pues, ponga una etiqueta indicando el tipo de producto y la fecha de la compra en cada paquete y el caos desaparecerá de su congelador. Asimismo, el sistema es muy práctico cuando se quieran guardar objetos de uso poco frecuente en cajas (fotografías, información turística, etc.) o en espacios pequeños, cuando se organice, por ejemplo, el contenido de un armario a partir de cajas. Así, puede usted facilitar su búsqueda anotando, como si de un archivador se tratara, qué contiene cada una de las cajas.

NO LO OLVIDE

♦ A menudo la acumulación de trastos obedece a una falta de organización y a una dejadez anímica que nos lleva a posponer las cosas.

♦ Una vez haya conseguido darse cuenta de que en su entorno reina un cierto caos, habrá dado el primer paso para poner fin definitivamente al desorden.

♦ Aceptar las propias limitaciones y nuestros fallos contribuye a encontrar solución a nuestros problemas y a entrever una forma de actuación para resolverlos.

♦ El respeto hacia uno mismo y hacia el prójimo representa una de las bases sobre la que levantar una actitud de control del desorden.

Tal como hemos ido apuntando, detrás del desorden se esconden una serie de condicionantes psicológicos que en gran medida lo justifican o lo hacen más comprensible. Basta con reflexionar un poco para darnos cuenta de que la imagen de nuestro hogar es un espejo de nuestra imagen interior, es decir, de nuestros pensamientos y nuestros sentimientos y que dilucidarlos contribuye a poner punto final a algunos de nuestros problemas o malas costumbres.

Así, aunque no se trate en la gran mayoría de los casos de una enfermedad, hay una serie de situaciones que, en caso de darse, pueden hacernos sospechar que el grado de abandono empieza a ser alarmante. Si empieza usted a notar un cierto sentimiento de desesperación, de ansiedad o incluso un poco de depresión; si con nada consigue saciar su sed de consumismo; si se siente dominado por las cosas que posee y nota que pierde el control de su propia vida; si su entorno es tan desastroso que se siente incómodo y violentado; se culpa constantemente de su falta de orden; está en constante discusión con otros miembros de la familia (o compañeros de piso) a causa de éste; o le da incluso vergüenza invitar a amigos o conocidos a su casa y ello le hace sentirse cada vez más solo y más raro; si usted empieza a notar alguna de estas situaciones como algo propio, es que el problema del desorden ha superado el punto en que puede ser ignorado, básicamente si su objetivo es realizar una vida productiva y feliz. Veamos algunas de las necesidades psicológicas que alimentan el hábito del desorden y de la acumulación innecesaria de objetos.

El guardador compulsivo. Hay un alto porcentaje de personas que tienen por costumbre acaparar de forma compulsiva un gran número de objetos o cosas idénticas. Éstos siempre suelen tener a mano una respuesta que justifique su actitud, y entre ellas cabe destacar tres:

◇ «Por si acaso lo necesito algún día».
◇ «Es que ya no lo hacen igual».
◇ «Me trae recuerdos de una persona querida o de un lugar ideal que echo de menos».

Evidentemente, puede darse el caso de que llegue la remota posibilidad de que algún día necesite alguna de las cosas que almacena, pero lo más probable es que nunca se dé el caso y, entonces, ¿qué hay que hacer con todo el excedente?, ¿está usted dispuesto a hacer lo mismo con cada una de las cosas que cree poder necesitar a lo largo de su vida? Si es capaz de imaginarse una idea tan descabellada, le será fácil darse cuenta de que necesitará una gran mansión para guardar tantas cosas inútiles.

Asimismo, en el segundo caso, quizá lleve usted la razón, pero no es necesario poseer una cosa para llegar a valorarla. Y si está usted convencido de lo contrario, ahorre para ir comprando una segunda mansión.

Por supuesto, casi todas las cosas nos recuerdan a gentes y lugares agradables, pero no debemos necesitar un referente físico para recordarlos. Debemos conseguirlo a través de nuestros propios recuerdos y no debemos tener el sentimiento enfermizo de estar traicionando a nadie si nos desprendemos de ese objeto-fetiche. Hay que vigilar no caer en fantasías e imaginaciones, pues la base de nuestra propia seguridad y afecto está en nuestro interior.

Procure, pues, actuar con moderación y guardar únicamente las cosas que son realmente trascendentales para la obtención de su bienestar y de su equilibrio. Los objetos que nos evocan buenos recuerdos deben ser siempre guardados con alegría y nunca deben pesarnos, hacernos sentir culpables o entenderlos como una obligación.

Identificación de las cosas con las personas. Aunque no sea muy elogiable, nuestra realidad nos enseña que hoy en día vivimos en una de las épocas más materialistas de la historia o, dicho con mayor concreción, menos espirituales. En ningún momento de la historia de la humanidad, las personas han tenido tantas oportunidades de adquirir bienes materiales y nunca se había dado de forma tan democrática. Ello, sin lugar a dudas, ha conllevado una asociación de ideas a partir de la cual las personas son según sus pertenencias, de tal modo que nuestros ojos no nos dejan ver más que unos símbolos de lo que imaginamos son las demás personas. Ello conlleva, ciertamente, problemas de comunicación que impiden aflorar nuestra verdadera esencia y que, de modo más o menos determinante, nos exige un compromiso a definirnos, un compromiso a adquirir cosas y más cosas por el puro intento de pertenecer a una u otra casilla. Así, poco a poco nos vamos colocando una etiqueta y se la colocamos a quienes nos rodean, pero siempre de modo vacío y sin ningún tipo de fundamento psicológico, y además nos atamos para siempre a nuestras pertenencias, nos esclavizamos a ellas, olvidando que, en un principio, las cosas se adquieren por necesidad y por disfrute.

Maniático del orden/defensor del desorden. En cualquier relación humana pueden darse malos entendidos fruto de una estrecha convivencia, pero éstos se agravan cuando los dos caracteres son completamente opuestos en cuanto a la necesidad de orden o de desorden. Así, el maniático del orden entenderá que la otra persona olvida hacer las cosas por puro ánimo de contrariarle, mientras que el defensor del desorden verá en la actitud inminente del maniático una agresión a su libertad y un intento de llevarle a su terreno. Si al leer esto, se identifica usted con el ejemplo descrito, la mejor forma de poner paz es intentar despersonalizarlo al máximo para evitar el enfado y la confrontación. En el fragor de la batalla y antes de ser presa de la ira procure relativizar la situación y oblíguese a ponerse en el lado del contrincante, intentando imaginar cómo se siente y qué le está pasando por la cabeza. Si lo consigue, será capaz de captar la verdad de la otra persona y de darse cuenta que tambíen lleva parte de razón. En dicho momento, procure dialogar dejando de lado los condicionales y las formas de cortesía que no hacen más que levantar suspicacias y que son unos agentes de persuasión nefastos. Recurra mayoritariamente a formas que expresen su deseo, como por ejemplo «yo prefiero», y dígale a su contertulio cuáles son sus sentimientos particulares y sus pensamientos, nunca lo que está usted seguro que piensa o siente él/ella. Y pregúntele también qué le ocurre a él/ella. Precisamente la intención de aproximarse a la otra persona es lo que cuenta, más que procurar cambiar de modo radical la propia forma de ser o de actuar.

Otra forma de hacer comprender cómo se siente uno es haciendo pasar al otro por las situaciones que a uno mismo le resultan desagradables o pesadas. Así, por ejemplo, si el desaliñado va dejando aquí y allá todos sus enseres personales no los recoja usted. Cuando los eche a faltar se dará cuenta de que es parte de su responsabilidad mantenerlos en orden. Y, al contrario, si el maniático del orden no hace más que repasar los pañuelos de algodón del abuelo ya desaparecido, invítelo –aunque sea a la fuerza– a asistir a una cena con amigos para que se dé cuenta de que hay otros placeres a los que debemos optar para mantener sana nuestra cabeza y llevar a buen puerto nuestra relación con la pareja.

♦ Si siente vergüenza de invitar a amigos o conocidos a su casa por el estado desastroso en que se encuentra, solucione el problema organizando visitas regulares que le obligarán a no abandonar la casa y se acostumbrará a vivir en un espacio ordenado. Procure ir variando las amistades, porque si siempre son las mismas pueden terminar acostumbrándose a su desorden.

♦ Recuerde que es imposible eliminar todos los trastos que ha ido acumulando a lo largo de años en un solo día, empiece por lo que más le disgusta, vaya saboreando su progreso y acepte sus limitaciones.

♦ Por el mero hecho de tener muchos trastos acumulados en casa no debe considerarse un coleccionista, pues este hecho tan sólo es algo accidental. En realidad, su esencia es otra y resulta mucho más simple cambiar lo que está haciendo que lo que es.

♦ No imponga nunca un sistema organizativo rígido y espartano en su casa si no quiere convertir a sus hijos en verdaderos defensores del desorden y de la acumulación de objetos inútiles. Discuta siempre con ellos cuáles son, entre sus pertenencias, los objetos susceptibles de hacer desaparecer.

♦ Recuerde que los niños no hacen más que imitar las formas y comportamientos de sus padres —siempre que no sean fórmulas despóticas y dictatoriales—, por lo que si usted es incapaz de desprenderse del más mínimo e insignificantes objeto, ellos harán lo mismo.

♦ Si en el momento de desprenderse de algo usted duda y pasa de un lado a otro es porque en realidad no siente ninguna necesidad de guardarlo. De lo contrario se habría definido categóricamente desde el principio. Tírelo, pues, sin remordimientos.

♦ Aprecie la sensación de disfrutar de un espacio ordenado y armonioso y rememórela cada vez que intuya que el desastre se avecina.

♦ ¿Es usted capaz de organizar a la perfección ciertas partes de su vida, especialmente las vinculadas al trabajo? En caso afirmativo, aplique algunas de sus habilidades a su entorno doméstico y disfrute llevándolas a la práctica.

♦ Impóngase una fecha regular para ordenar su casa de modo que no deba invertir más tiempo del estrictamente necesario. Orden y organización deben ir siempre a la una.

Tras las recomendaciones tácticas y las valoraciones psicológicas que contribuyen a entender el problema del desorden, ya puede usted iniciar el cambio y organizar la forma de ordenar todas sus cosas del modo más racional posible. Empiece siempre por aquellos objetos que más aborrezca y que más le cuesta eliminar y siempre que lo considere necesario ayúdese con las herramientas que sugerimos mediante las que podrá ganar espacio al desorden.

Armarios. Un armario es un mueble con puertas y anaqueles por dentro que se utiliza para guardar cualquier tipo de cosas. Los hay de infinitos tamaños y materiales, con una, dos o tres y más puertas, con y sin estantes y con espacios vacíos para meter objetos de grandes dimensiones. Los utilizamos tanto en las habitaciones de dormir, como en la cocina, el baño, el recibidor, el comedor, etc. Ahora bien, en todos los casos, para encontrar con facilidad los objetos guardados en la parte posterior de los mismos, aconsejamos instalar un elemento en forma de escalera que mantenga las cosas más interiores al mismo nivel que las de delante o que, incluso, las eleve.

Asimismo, es muy práctico que usted mismo aplique pequeños estantes en la parte interior de la puerta de los armarios. Por ejemplo, es muy cómodo para guardar ordenadamente en la cocina el estropajo y la bayeta al uso, o para disponer las corbatas, los cinturones, los guantes... en el ropero, o incluso a modo de simple joyero donde depositar las alhajas que tengamos por costumbre utilizar más a menudo. Todo ello contribuye a quitar de en medio los trastos y a dar una imagen mucho más pulcra y hacendosa. Pruébelo también en el baño, para depositar la esponja o el guante de crin y también la pastilla de jabón.

Este mismo sistema es especialmente eficaz en la cocina para almacenar alfabéticamente los potecitos de especias, pero en caso de que la profundidad de los anaqueles del armario lo impidiera, recurra al interior de la puerta de la despensa –si tiene usted la suerte de tener una– o, en su defecto, utilice el mismo recurso aplicado esta vez directamente a una de las paredes más cercanas al lugar en que suele usted preparar los alimentos.

En el armario ropero se puede ganar espacio colocando una segunda barra un poco por debajo de la originaria para colgar vestidos y piezas largas. Divida el espacio y consiga un mayor número de estantes para poder guardar jerséis, camisas, blusas, pijamas y demás piezas dobladas. Otra forma interesante de ganar espacio es colgar muchos ganchos o colgadores por las paredes y en el techo del armario para tener a mano sombreros, corbatas y cualquier otra pieza de dimensiones pequeñas.

En la parte alta, si considera que hay suficiente espacio, compartiméntelo de modo que ganemos más estantes en los que guardar la ropa de invierno en verano y viceversa, o los objetos decorativos de Navidad, esto es, objetos de uso poco frecuente.

En el armario de los productos de limpieza, coloque un estante si sobra espacio entre el techo y la parte superior de la mopa, la escoba y la fregona. Asimismo, puede llenar todo el hueco de estantes y colgar la mopa, la escoba y la fregona de la parte interior de la puerta mediante colgadores de gancho.

Cajones. El gran problema de los cajones es que suelen desordenarse con solo abrirlos –de hecho, hay veces que incluso con este leve movimiento un cajón se convierte en algo caótico, porque los objetos en él contenidos se deslizan, por efecto de la fuerza, desde la parte delantera hacia el final de los mismos. Y en dichos casos, o se intenta volver a dejar cada cosa en su lugar o caen en el olvido de las partes traseras, que son las más difíciles de ver.

Intente organizar los objetos del interior por similitudes de forma y por función, teniendo siempre a mano en la parte delantera aquéllos de uso más común. Cuando todos los objetos contenidos en un mismo cajón comparten un mango idéntico –en el caso de una cubertería, por ejemplo, la solución se halla en guardarlos del revés, esto es, disponiendo el mango en la parte de dentro y dejando a la vista el cabezal de cada utensilio.

Asimismo, dividir el espacio total de un cajón contribuye a mantenerlo ordenado. Utilice para ello separadores. Verá lo fácil y rápido que resulta encontrar cualquier objeto y como ya ninguno de ellos desaparece para siempre en el fondo.

Archivadores. La gran mayoría de los escritorios ofrecen la posibilidad de convertir alguno de los cajones en archivadores, así que en caso de que haya decidido comprarse uno procure que se dé esta posibilidad. En caso contrario, y si ya posee usted un escritorio, aplique bien cerca del mismo un mueble archivador. En ambos casos, las carpetas dobles provistas de ganchos y los raíles por los que deslizarse son elementos indispensables que pueden adquirirse en la gran mayoría de las tiendas dedicadas a la venta de material de oficina.

Una vez montado el sistema de archivado, coloque las carpetas que contengan los documentos más necesarios en primera línea (facturas pendientes, talonario, etc), y los menos utilizados hacia el final, estableciendo después un orden alfabético para el resto de documentos susceptibles de ser ordenados. A continuación, en una etiqueta de papel describa el contenido de cada fichero e introdúzcala en la pestaña de plástico que lleva incluida cada una de las carpetas.

En caso de no disponer de escritorio, es muy posible que utilice la mesa del comedor para hacer estas funciones. En dicho caso, adquiera una carpeta archivador independiente y colóquela cerca de la mesa. Cada vez que la necesite, acérquesela al lugar de trabajo y vuélvala a guardar en su sitio una vez haya terminado. Para ordenar los papeles, siga los consejos anteriormente propuestos.

Panel para llaves. Para solucionar el clásico problema de pérdida de llaves por descuido, lo más práctico es aplicar unos cuantos clavos –como mínimo, el número debe coincidir con las personas que suelan utilizar las llaves– en un panel o cuadro (puede ser de madera, de tela, de porcelana, de azulejos, etc), y colgar las llaves de ellos. Este panel se aplica en una de las paredes de la puerta de entrada para que al llegar a casa, las llaves sean depositadas en él mediante un gesto mecánico.

La habitación de los niños. Para conseguir que su espacio se vea un poco más ordenado de lo que suele estar, recuerde cuáles son sus proporciones. Déles la oportunidad de tener a mano sus pertenencias y de poder guardar sus cosas por sí mismos poniéndose a su altura, es decir, clavando los colgadores de pared a su alcance y disponiendo los armarios, muebles, sillas, juguetes, etc., a su justa medida. Con el paso del tiempo y a medida que crezcan vaya modificando las alturas, pero durante cada uno de los períodos de crecimiento utilice los espacios superiores para almacenar otro tipo de objetos.

Una vez hayamos conseguido construir un mundo en miniatura, es aconsejable marcar cada caja, cada cajón, cada percha y colgador con un nombre –o con un dibujo si el niño todavía no sabe leer– para que, jugando, aprenda a descubrir cuál es el sitio para cada cosa.

Un buen sistema para ganar espacio es montar el colchón del niño/a sobre una tarima, debajo de la cual se pueden montar grandes y profundos cajones en los que guardar juguetes, ropa, libros o cualquier otra cosa.

Atrévase a darles la oportunidad de aprender jugando a guardar sus pertenencias.

8. DUDAS MÁS FRECUENTES

LA COCINA

Manchas en encimeras blancas. Si las encimeras de su cocina presentan manchas como consecuencia de haber soportado repetidamente los efectos corrosivos de restos de café, de zumo de naranja, de vinagre, es decir, de alimentos ácidos, intente eliminarlas empleando lejía. Ahora bien, tenga presente que nunca se debe abusar de este producto, ya que tiene la capacidad de eliminar las manchas comiéndose el material. Cuando es así, de forma no visible para el ojo humano, la lejía ha ido cavando una serie de surcos y hendiduras que confieren a la superficie un aspecto áspero y desigual, y en ellos se depositan estos restos de comida abrasivos que resulta imposible retirar. Puede intentar lavarlas con la ayuda de un estropajo metálico, lejía o peróxido de hidrógeno, y mucha paciencia, pero recuerde que cuanto más insista sobre la zona manchada, la superficie quedará cada vez más resentida y deteriorada.

En caso de que las manchas estén fuertemente marcadas en las encimeras y resulte imposible eliminarlas, la única solución es cambiar la pieza. Para evitarlo, procure proteger la zona mediante una tabla de madera o un protector de tela.

Manchas de té en encimeras de granito. Prepare una mezcla de peróxido de hidrógeno al 12% con unas gotas de amoníaco. En caso de no funcionar, prepare una pasta de peróxido de hidrógeno con algún material absorbente, como talco, yeso o blanco de España, hasta que adquiera una consistencia similar a la de la masa de un pastel. Aplíquela con una espátula sobre la mancha, de modo que la película tenga un grosor de aproximadamente un dedo, cúbrala con un plástico y selle bien los lados con algún tipo de cinta adhesiva que no deje rastro. Deje actuar el producto tapado 24 horas y destapado otras 24 horas más. Una vez transcurrido el tiempo indicado, retire el cataplasma, limpie la zona con agua, séquela con un paño y observe si la mancha ha desaparecido. Si sigue notándose levemente, repita la operación hasta tres veces, pero si en los tres intentos no consigue eliminarla por completo, recurra a la ayuda de un profesional. Quizá será necesario pulir la superficie y sellarla nuevamente.

Cuando las manchas sean muy leves, es más práctico embeber un algodón o una gasa con peróxido de hidrógeno o acetona, aplicarlo sobre las mismas, taparlas y dejar transcurrir el tiempo como en el caso anterior. Haga siempre una prueba previa sobre el material, sobre todo si el granito es muy oscuro, para evitar la remota posibilidad de que el peróxido de hidrógeno lo blanquee.

Si la mancha es producto de algún aceite o grasa, el cataplasma debe realizarse con agua y bicarbonato, con algún material absorbente y alcoholes minerales o mediante una gasa o algodón impregnada de algún tipo de alcohol mineral.

Aunque el granito es un material más resistente que el mármol, ello no significa que pueda verse alterado por algunos productos. Así pues, si quiere usted conservar en perfecto estado sus encimeras y darles larga vida, la mayoría de las superficies trabajadas con piedras naturales deben ser preferiblemente selladas e incluso enceradas tras su instalación. Consúltelo a su instalador profesional.

Fregadero de porcelana manchado. Para evitar teñir la porcelana con los posos del café, procure tirarlos directamente en el desagüe del fregadero, evitando al máximo el contacto de los restos con la porcelana. Asimismo, tenga cuidado al fregar las cazuelas y las sartenes de acero inoxidable de no dar golpes contra la superficie esmaltada, pues de lo contrario el fregadero quedará lleno de rayas oscuras. Para ello utilice una alfombrilla de plástico o de tela o ponga entre el objeto y la porcelana una esponja o bayeta a modo de escudo para que amortigüe los golpes.

En caso de que tenga usted que poner remedio a estos problemas anteriormente descritos, recuerde que los productos agresivos alteran las características del material y lo pueden hacer más rugoso y mate. Para evitarlo, aplique desde la misma instalación del fregadero de porcelana o tan pronto como pase a formar parte de su cocina, un acabado protector, líquido o en pasta, que proporcione una barrera protectora sobre la que la suciedad no se incrusta apenas y por ello resulta mucho más fácil de retirar. Este producto debe ser renovado anualmente, a menos que utilice usted productos limpiadores muy abrasivos o le dé mucho trote al fregadero.

Fregadero de acero inoxidable oxidado. Aunque parezca contradictorio, el propio acero inoxidable puede llegar a oxidarse, si bien a menudo este accidente viene potenciado al entrar en contacto con otros accesorios metálicos, tales como el grifo o el anillo del desagüe. No olvide que el acero inoxidable sigue teniendo en su composición un alto porcentaje de acero y cuando empieza a deteriorarse, aun siendo mucho más resistente que otros materiales, lo hace oxidándose.

Sea cual sea la fuente de oxidación, las manchas pueden ser retiradas mediante el empleo de polvo limpiador y fregar con un estropajo blanco de dureza media. Para las zonas más incómodas de tratar, utilice el cepillo de dientes, y para áreas resistentes un estropajo de acero. Asimismo pueden emplearse productos especialmente diseñados para eliminar el óxido (Ferrokit). Pregunte al especialista de la droguería.

Filtros de la campana extractora grasientos o muy sucios. Existe una solución facilísima y altamente eficaz que consiste en meter el filtro directamente en el lavaplatos. Quizá se deba repetir la operación dos veces, pero a la segunda obtendrá una limpieza absoluta. No descuide este fácil mantenimiento, pues de lo contrario, la grasa que no haya podido absorber el filtro se irá impregnando en cualquier otra superficie que será imposible de meter en el lavaplatos.

Salpicaduras de grasa en las paredes de azulejos. Para eliminar la suciedad atrasada en los azulejos, siempre y cuando sea grasa, es muy probable que el jabón corriente resulte insuficiente, por ello aconsejamos utilizar unas gotas de amoníaco disueltas en agua. Friegue la superficie con un cepillo de cerdas duras después de la aplicación del líquido. Previamente, deje actuar el amoníaco unos minutos. Para evitar que los chorretones de suciedad y amoníaco manchen el suelo o la base de las encimeras, coloque un paño de algodón en la parte baja de las paredes. A continuación empiece a restregar con fuerza, procurando frotar bien entre las ranuras de unión de las baldosas. Si el material de construcción de los azulejos es plástico o si han recibido una capa de pintura, es muy probable que no consiga usted eliminar la grasa sin alterar a la vez la pintura o el acabado plástico.

Manchas de grasa en paredes de ladrillo. Aplique también una solución de agua y amoníaco en dicha pared y frótela con un cepillo de cerdas duras. A fin de retirar la suciedad acumulada, emplee papel de cocina o un trapo de algodón. De este modo llegará con mayor facilidad a todos los recovecos característicos de una superficie irregular de ladrillo. Tenga presente que, dada la porosidad de dicho material, quizá deba repetir el proceso unas cuantas veces y que, además, es muy probable que nunca llegue a obtener una limpieza perfecta. En dicho caso, y si no se siente plenamente satisfecho, la única solución es pintar la pared o poner algún tipo de protector en la misma (panel de madera, un retal de tela, etc). Si intuye usted que la zona que debe ser tratada pudiera haber sido construida con un material relativamente antiguo, tenga la prudencia de hacer un test previo para comprobar que un lavado agresivo y un cepillado vigoroso no alteran sus propiedades. En caso afirmativo, limítese a quitar el polvo de la superficie, a retirar superficialmente la grasa o cambie el material.

Cómo limpiar los quemadores eléctricos del horno. Los quemadores no deben ser lavados. Limítese a limpiar todas sus zonas adyacentes con un estropajo de dureza media y líquido desengrasante, pase un paño limpio y seco por encima de éstos y, tras cerrar el horno, enciéndalo a la temperatura máxima para que el calor disuelva cualquier resto de comida. Mientras el horno esté funcionando, ponga en marcha el ventilador interior y abra la ventana de par en par.

Bandejas del horno. Cuando ya estén completamente rayadas y hayan perdido parte de su esmaltado, la mejor solución, la más práctica y la que hace perder menos tiempo, es sustituirlas por otras nuevas. Francamente, no vale la pena esforzarse más de la cuenta.

Cocinas de vitrocerámica. Para eliminar las huellas de estas superficies vitrificadas, tras su limpieza con un producto desengrasante y su correspondiente enjuague, aplique líquido limpiacristales y elimínelo frotando con un trapo de algodón seco y limpio. Recuerde que nunca debe proceder a limpiar estas superficies cuando todavía están calientes, porque el calor que desprenden hace que el producto limpiador se evapore antes de que tenga usted tiempo suficiente de secar la superficie a conciencia, y ello se traduce en marcas y sombras que las afean.

Interior del lavaplatos manchado. Las manchas que aparecen como consecuencia de la utilización de aguas demasiado duras pueden llegar a desaparecer aplicando vinagre a lo largo del proceso de lavado. Al tratarse de un ácido, el vinagre consigue disolver parte de los depósitos de cal. Empiece utilizándolo cuando el lavaplatos esté vacío y agregue como máximo tres tazas. Tenga en cuenta que el vinagre es un agente limpiado leve, por lo que posiblemente deberá repetir el proceso unas cuantas veces. Por lo general, las aguas duras no suelen dañar excesivamente las paredes interiores de un lavaplatos, pero si el grado de dureza de su red de aguas es muy elevado y ésta contiene un elevado grado de minerales, empezará a notar ciertas manchas blanquecinas no sólo en el interior del electrodoméstico, sino en la cubertería, la vajilla y los utensilios de cocina lavados. En dicho caso, considere la posibilidad de instalar un purificador de agua y le aconsejamos que aplique un poco de abrillantador a cada lavado.

Cristal manchado por la dureza del agua. Cuando deba eliminar una mancha de cal de una superficie de cristal (por ejemplo, fruto de los restos de agua filtrados por una planta), rocíela con limpiacristales, deje actuar unos minutos y frótela con un estropajo blanco de poca dureza. Tenga siempre muy en cuenta que el cristal es un material extremadamente delicado y susceptible de roturas. Por ello aconsejamos, en la medida de lo posible, que la pieza de cristal repose en toda su superficie sobre una base plana. Si la mancha es muy resistente, frote delicadamente con un cúter. Otra posibilidad consiste en poner la pieza de cristal –por ejemplo un estante– directamente en el lavaplatos.

Restos de adhesivos en la puerta del frigorífico. Para eliminarlos, basta con rociar los adhesivos que desea eliminar con un disolvente, hasta que la parte pegajosa quede completamente empapada. A continuación, rasque con una espátula de plástico o con un cúter y retire los restos con un trapo de algodón.

Salero y pimentero. En ellos se suele acumular la grasa, las salpicaduras y la porquería en general. Para lavarlos, aplique líquido desengrasante y frótelos con un estropajo blanco. También puede lavarlos a mano con agua templada y lavavajillas o, según el material en que estén realizados, meterlos en el lavaplatos (siempre y cuando, claro está, estén vacíos). Si no quiere usted vaciarlos, proceda según la primera opción y desobture los agujeros con la ayuda de un mondadientes.

Abridor de latas. Si es manual, métalo directamente en el lavaplatos. Si es mecánico, separe el cabezal del cuerpo y meta también la navaja en el lavaplatos. El resto del artefacto límpielo con un paño de algodón y líquido desengrasante, y recurra al empleo del cepillo de dientes para los rinconcitos más difíciles, los dientes de las ruedecitas, los botones de mando, etc. Recuerde siempre realizar su mantenimiento una vez haya sido desconectado de la red eléctrica.

Armarios de madera. Procúrese un producto alimentador de muebles de madera que mezcle la cera (protege y da fuerza al material) con algún disolvente suficientemente fuerte como para eliminar la grasa acumulada. Rocíe un poco de producto en un paño de algodón y empiece a fregar el armario desde su parte superior. Utilice el cepillo para las esquinas, los goznes (frótelos tanto desde el interior como desde el exterior del armario), las partes más difíciles de trabajar y para eliminar las manchas más resistentes. Avance marcando pequeñas zonas de trabajo de modo que en cada una de ellas aplique líquido desengrasante, friegue y seque con el paño de algodón.

La lechada de las paredes de la ducha y de las encimeras.
La lechada, esto es, el material que une las baldosas al soporte de la pared y que suele dibujar unas líneas cuadricula-
das entre ellas, es una de las superficies más difíciles de lavar por su rugosidad y porosidad y porque queda ligeramente
hundida entre los azulejos. Aun así, la solución consiste en
tratarlas con un cepillo y líquido desengrasante en las encimeras y agua con amoníaco en las paredes de la ducha.
Tenga mucho cuidado de no presionar en exceso con las cerdas del cepillo, pues a menudo la fricción constante, unida a
los efectos abrasivos de algunos limpiadores, hace saltar la
lechada más que limpiarla. Para evitar esto, aconsejamos
aplicar un sellador que a su vez facilitará el mantenimiento
del material reduciendo su porosidad. Esta película debe
aplicarse cada seis meses, una vez la lechada esté completamente seca.

Pavimentos enlosados con lechada. Una vez el suelo esté
completamente seco, aspire las líneas de lechada a conciencia. A continuación aplique agua amoniacada mediante un
cepillo para suelos dejando la superficie bastante empapada.
Elimine el exceso de agua con la ayuda de una esponja o de
un paño de algodón y deje secar por sí mismo o con la ayuda
de una vaporeta en caso de tenerla. Acto seguido, aplique la
capa de sellador con ánimo de facilitar los futuros lavados.

Cómo eliminar el moho de la lechada. Primero hay que
limpiar la lechada del mismo modo que los azulejos, eliminando al máximo el moho. A continuación rocíe todas las líneas de lechada con lejía rebajada en agua y al cabo de unos

minutos enjuague la pared con abundante agua. La lejía es un destructor tenaz y eficaz del moho.

Cómo prevenir la proliferación de moho. Ante todo, hay que mantener limpias las superficies susceptibles de formar moho, porque las grasas, aceites para el cuerpo y la suciedad en general son alimento más que suficiente para que el moho se reproduzca. Una vez se haya duchado, retire los excedentes de agua y espuma de las paredes con un aparato para limpiar cristales y séquelas a fondo con una toalla. Deje la puerta de la mampara abierta o las cortinas corridas. Abra la ventana para que la habitación se airee. Mientras se duche, mantenga la puerta entreabierta. Tienda las toallas en un lugar bien aireado; nunca deben secarse en el mismo cuarto de baño. Instale un ventilador en el cuarto de baño para que remueva el aire húmedo y penetre aire seco desde otros puntos de la casa. Procure instalar un deshumidificador. Tener ventanas en el cuarto de baño es una medida más que necesaria para evitar la proliferación de moho en las paredes.

Manchas de cal en la puerta de la mampara. Las manchas de cal son más fáciles de prevenir que de quitar, por lo que aconsejamos eliminar siempre los excedentes de agua y secar las superficies a fondo. Ésta es una costumbre que facilita muchísimo el mantenimiento tanto de paredes como de puertas que están en contacto con aguas duras. El mercado ofrece algunos productos específicamente diseñados para poner remedio a los problemas de restos de cal. Entre ellos aconsejamos Viakal, una sustancia líquida que hay que dejar actuar unos segundos y a continuación fregar vigorosamente con un estropajo de metal. Los restos de producto deben ser eliminados con agua clara y una bayeta o paño de algodón.

Cómo eliminar los restos de cal de la pera de la ducha.
Sumerja la pera en una solución de dos partes de agua por una de vinagre toda una noche. Al día siguiente, ayude mediante el uso de un cepillo de dientes a desincrustar los restos de cal de las paredes de la pera. Repita el ejercicio tantas veces como sea necesario. En caso de que la pera no sea extraíble y deba usted aplicar la mezcla directamente al cabezal de la ducha, cuídese de proteger las partes cromadas de la pera –si las hubiera– envolviendo con un trapo la juntura entre el cabezal y el mango. De este modo, el algodón absorberá los excedentes líquidos y disminuirá el riesgo de corrosión del cromo.

Cómo prevenir las manchas de cal. La única forma de prevenir los residuos de cal que conlleva la utilización de aguas duras es la colocación de un filtro de agua, pues no sólo deja este tipo de restos, sino que favorece la acumulación de espuma, dificulta la eliminación del jabón y requiere mayor cantidad de agua para cualquier tipo de aclarado, a la vez que deja depósitos de cal en las tuberías y desagües.

Aplicaciones de metal. Para limpiar el metal no todos los productos funcionan, pues los más fuertes pueden llegar a alterar la pátina de laca que los protege. Por ello, lo más indicado es emplear un producto suave, del tipo de limpiacristales, y frotar con cuidado con un paño. Existen en el mercado unos productos alimentadores de metal que sólo deben emplearse cuando se deba procurar restituir una capa de laca deteriorada o cuando los objetos carezcan de ella.

Tiras antideslizantes. Aunque puedan llegar a ser muy prácticas, las tiras antideslizantes deben mantenerse en un estado óptimo para no afear la bañera, por ello es aconsejable cambiarlas frecuentemente. Ahora bien, retirarlas no siempre resulta una tarea fácil, pues están fuertemente pegadas a la superficie. Deseche la idea de poner unas encima de las otras para evitarse este trabajo y busque la manera de despegarlas. Para ello, empiece levantando los cantos con la ayuda de una espátula o con la uña del dedo. Si se resisten, aplique un poco de calor con un secador para conseguir que éste ablande el pegamento. Una vez arrancadas las tiras, elimine los restos de adhesivo con un disolvente, dejándolo actuar unos minutos, siempre y cuando no llegue a evaporarse, pues, de lo contrario, lo único que hace es afianzar el poder pegadizo de los restos. Pase un paño por encima de éstos o retírelos con sus dedos arrastrando las tiras gomosas. Elimine, finalmente, las trazas de disolvente con un trapo y líquido desengrasante. Cuando emplee el disolvente, hágalo teniendo la habitación bien ventilada y antes de aplicar las nuevas tiras antideslizantes, limpie la bañera a fondo con polvos limpiadores, esperando siempre a un secado perfecto.

Cortinas de ducha. Las cortinas pueden ser lavadas a máquina e incluso secadas en la secadora. Asimismo, para alargar la vida de las mismas, una buena idea consiste en colgar detrás de las que usted ha elegido y que cubren la parte frontal de la ducha, otras más baratas, blancas, que actúan a modo de escudo protector. De este modo, cuando se hayan afeado pueden ser sustituidas sin pena. Aconsejamos que sean blancas, porque éste es el color de los restos de cal y de la espuma.

Espejos con sombras. El secreto para conseguir un espejo de aspecto reluciente y brillante y sin ninguna traza o sombra es asegurarse un secado profundo. Ésta es la única manera de eliminar restos de limpiacristales que es, en realidad, lo que deja las sombras al secarse. Asimismo, para evitar al máximo que esto ocurra, añada un poco de agua al limpiacristales y no limpie nunca un espejo ni un cristal a pleno sol.

Salpicaduras de laca. La laca puede eliminarse fácilmente con un paño o papel de cocina impregnado de alcohol.

Manchas de óxido en el inodoro. Las manchas de óxido suelen estar provocadas por el alto contenido en hierro de algunas aguas. Pueden eliminarse con Ferrokit, un producto excelente que termina con los restos de hierro en cualquier superficie. No utilice jamás lejía, porque ésta, contrariamente a lo deseado, afianza la mancha de óxido. No olvide instalar un filtro de hierro en la red de agua. Pueden darse otro tipo de manchas, de color azul o verde, debidas normalmente a los efectos abrasivos de algunos productos o a algún tipo de corrosión. El ácido de peróxido y la lejía pueden contribuir a atenuarlas, pero su desaparición completa es un objetivo imposible. Así, la única solución es cambiar el inodoro.

Cómo tratar una tapa de inodoro de madera (roble). Tenga presente que por regla general no tendrá que lavar la madera, sino el acabado plástico que la recubre. Así pues, emplee cualquier líquido limpiador, un paño y el cepillo de dientes para los goznes y protectores de goma.

Cómo eliminar las manchas de orina del pavimento. Rehumedezca la zona con líquido desengrasante y absorba los restos de líquido con papel absorbente o trapos de algodón. A continuación aplique un producto que contenga encimas, es decir, proteínas que eliminan los restos orgánicos de la orina. Este proceso también elimina por completo los olores desagradables.

Cómo desinfectar el inodoro. Si limpia usted el inodoro con una escobilla y un detergente para inodoros conseguirá eliminar prácticamente todas las bacterias. Para conseguir una desinfección profunda emplee polvos limpiadores que contengan lejía; o vierta media taza de lejía por todas las paredes de la taza, deje actuar y tire de la cadena; o aplique un desinfectante para inodoros.

OTRAS HABITACIONES

Manchas blanquecinas sobre la mesa. Cuando tenga un problema semejante en cualquier mueble, recuerde que los restos de algún producto o alimento han quedado atrapados entre la madera y el acabado, por lo que si encuentra la manera de acceder a esta capa intermedia y puede llegar a aplicarle cualquier alimentador de madera, la mancha desaparecerá como por arte de magia. Antes de aplicar el producto remuévalo bien. Eche una pequeña cantidad del mismo encima de la mancha o sobre el trapo limpiador y friegue suavemente pero con firmeza la zona a tratar. Es recomendable inferir la fuerza siguiendo la dirección natural de la veta de la madera. Al cabo de un instante, la manche deberá empezar a debilitarse. En caso contrario, repita el proceso, esta vez con cera en pasta.

Plantas secas. Es uno de los objetos más difíciles de limpiar, dada su fragilidad. Por ello, limítese a quitar el polvo con un plumero y a proteger los ramos con fundas de plástico.

Pantallas de lámparas. Como suelen estar fabricadas con materiales ásperos y suelen presentar texturas complicadas, es fácil que acumulen ciertas cantidades de polvo. Elimínelo con un cepillo y manténgalas al día repasándolas con un plumero.

Manchas de agua en los jarrones. La parte interior de los jarrones puede llegar a quedar permanentemente sucia por efecto del agua y de los jugos que desprenden las flores. Para solucionarlo, llene el jarrón con agua y vinagre blanco hasta arriba y deje actuar durante unas cuantas horas o toda una noche. Antes de aclarar, friegue con un cepillo el interior. Si el diseño del jarrón no le permite maniobrar con la mano, ni con un cepillo, eche unos cuantos granos de arroz crudo o unas cuantas alubias, tápelo y sacuda el jarrón para que estos granos arrastren la costra de suciedad.

Cómo eliminar la acumulación de cera de los muebles de madera. Existen en el mercado una serie de productos disolventes que restauran la madera terminando con la acumulación de cera. Deben aplicarse directamente al mueble o embebiendo con anterioridad un paño de algodón, según indiquen las instrucciones y según los resultados que obtenga usted de un test previo. Para las partes ornamentadas de los muebles y las de acceso más difícil, utilice un cepillo de dientes, y en caso de que la superficie tratada sea muy delicada, envuélvalo con el paño antes de friccionar.

Cómo eliminar los redondeles blancos de una barra de bar de mármol. Empiece por mezclar el producto pulidor de mármol con un limpiador, aplíquelo sobre las manchas y deje actuar. Al cabo de unos instantes, retire el producto con un trapo. También pueden intentar eliminarse los redondeles mediante el uso de un cúter o de una navaja bien afilados, sin olvidar que previamente hay que humedecer la superficie y frotar siempre trazando un ángulo de actuación muy bajo. Asimismo, las manchas leves pueden desaparecer con peróxido de hidrógeno o con amoníaco rebajado. En todos los casos y tras asegurarse un secado completo, aplique cera nuevamente. Si bien el mármol puede durar toda la eternidad, al ser un material poroso puede mancharse con mucha facilidad y reacciona inmediatamente al efecto cáustico de los ácidos. Por ello, mantenga cualquier pieza de mármol fuera del alcance de bebidas ácidas y de los efectos de las frutas, porque las manchas ocasionadas por estos alimentos son imposibles de eliminar, a menos que se requiera la colaboración de un profesional, quien con piedra pómez o limando la superficie quizá pueda restaurarlo.

Cómo eliminar la cera de candelabros de una mesa. Utilice primero una espátula de plástico con la que raspar la mancha. La cera se irá levantando a trozos y prácticamente eliminará un 95% del total. Recoja los restos con un cepillo y una pala o aspírelos con el accesorio adecuado. El 5% restante puede terminar de eliminarse aplicando un limpiador de muebles y frotando con un paño.

Grafitis. El mejor sistema es emplear un disolvente de fuerza media y un cepillo de dientes. A continuación, seque la mancha con un paño. Puede seguir el mismo sistema en paredes con papel pintado, siempre y cuando haya realizado un test previo que le informe de la resistencia de los colores. En este último caso, no insista demasiado al frotar con el cepillo para evitar dañar la textura del papel y levantar pelusa. Si el disolvente es ineficaz o deteriora el papel, utilice papel absorbente y aplique calor con la plancha sobre el mismo.

Cómo lavar el papel pintado. Aparte de lo referido en el caso anterior, el polvo debe retirarse sencillamente con un paño o con el aspirador. Las manchas y trazas de cualquier tipo suelen desaparecer con la goma de borrar.

Cómo eliminar la grasa del papel pintado. Utilice líquido desengrasante y un paño de algodón. También pueden emplearse papeles absorbentes. Se ponen sobre las manchas y a continuación, con la plancha caliente, se aplica calor. Éste, por su efecto, se fundirá y quedará impregnado en el papel de cocina.

Cómo eliminar los restos de un adhesivo de la pared. Se trata de rehumedecerlo con agua hasta que quede completamente empapado. Al cabo de un rato, con una espátula empiece a levantar los cantos y éste se desprenderá. Los restos que hayan quedado en la pared deben tratarse con un trapo y líquido desengrasante. En caso de que la pared hubiera quedado teñida con restos de tinta del adhesivo, pruebe a eliminarla con unas gotas de lejía, pero asegúrese antes de que la pared lo tolera y no queda dañada.

Cómo eliminar las manchas de nicotina de la pared. Emplee unas gotas de amoníaco con agua, un cepillo de dientes para las zonas de difícil acceso y un paño de algodón para las más lisas. Si tuviera que eliminar la nicotina de muebles o marcos de ventanas y paredes utilice indistintamente amoníaco o líquido desengrasante. Las manchas en techos deben tratarse como las de la pared, pero utilice una mopa con un brazo extensible y seque las partes tratadas a fondo. Si las superficies manchadas son paredes mates es muy posible que los restos no desaparezcan y deban ser repintadas de nuevo. Aun así, no desista de lavarlas porque con ello conseguirá erradicar el olor.

Cómo eliminar el hollín de las paredes. Primero, aspire las paredes con el accesorio que incluye un cepillo en el cabezal, y a continuación frote la superficie con amoníaco diluido en agua. Aplíquelo con una mopa o una esponja grande y a continuación seque las paredes con paños. Si los restos de hollín forman manchas pequeñas pueden eliminarse con una goma de borrar. Las paredes de ladrillo manchadas de hollín quedan como nuevas si se emplea fosfato trisódico y se dejan bien secas. Es aconsejable aplicar un sellador que cierre los poros de los ladrillos y facilitar así su mantenimiento.

Huellas digitales. Las paredes mates evidencian todas las manchas y son mucho más difíciles de tratar. Intente eliminar las manchas de huellas de dedos con líquido desengrasante y un paño. En caso de estar muy sucias, recurra al empleo de un cepillo de dientes y de un estropajo de dureza media, pero vigile siempre no levantar la capa de pintura, en especial si ésta es muy vieja, si es de muy mala calidad, si la pared sólo lleva una capa de pintura o si el soporte tiene un largo historial de casos en que se desconcha. La solución última consiste en repintar las paredes.

Cómo eliminar los restos de papillas de la cuna del bebé. Ante todo hay que rehumedecer las manchas de papilla con líquido desengrasante y dejar actuar entre diez y quince minutos. Al cabo de un rato, retire los restos con un trapo de algodón y seque los barrotes con otro.

El mantenimiento de puertas y ventanas de lamas orientables. Semanalmente, emplee el cepillo del aspirador para mantener las lamas limpias de polvo, y para lavarlas más a fondo prepare una mezcla de agua y amoníaco y frótelas con un paño. El cepillo de dientes le ayudará a pulir goznes, esquinas, molduras, pomos y demás zonas de difícil acceso, a la vez que le permitirá arrancar las manchas más resistentes. Al llevar a cabo esta limpieza a fondo, no olvide tratar también el marco exterior de la puerta o ventana.

Cómo combatir el moho resistente de los armarios. El método más eficaz, simple y barato es frotar todas las paredes, estantes, cajones, el suelo y el techo del armario con lejía rebajada con agua. Si todas estas partes, además de estar enmohecidas precisan de una limpieza profunda, prepare una solución de amoníaco y agua y frótelas a conciencia. No emplee nunca los dos productos a la vez ni de forma consecutiva hasta que no se hayan secado perfectamente. Tenga mucho cuidado con esta advertencia, pues de lo contrario la reacción química que se deriva de su mezcla emanará unos gases extremadamente nocivos. Para conseguir que el moho no se reproduzca, mantenga siempre muy limpio el armario, deje la puerta abierta largos ratos para que se airee su interior y procure tener una luz encendida durante unas cuantas horas al día, sobre todo en las épocas de reproducción del moho.

Combatir el polvo. Hay algunas casas y algunas partes de ciertos hogares que, sin ninguna razón aparente, acumulan más polvo que otras. Para poner remedio a estas situaciones aconsejamos seguir las indicaciones siguientes: quitar el polvo con un plumero diariamente, pero con cierta frecuencia aspirarlo también con la ayuda del cepillo que lleva como accesorio la aspiradora. No olvide repasar las molduras, las partes altas de los marcos de ventanas y puertas, los cuadros, las mesas, y también la parte posterior del televisor o del sofá, esto es, las zonas que no se suelen tratar tan a menudo. Asegúrese de que el aspirador funciona correctamente y de que no devuelve la suciedad absorbida. Compruebe a su vez que la bolsa tiene espacio suficiente para almacenar el polvo que vaya a ser recogido de inmediato. Mantenga en perfecto estado de limpieza las alfombras y moquetas de la casa, pues son un nido de polvo. Cambie a menudo los filtros del aire acondicionado y de la calefacción. Evite la introducción y el movimiento de polvo por la casa colocando felpudos en la puerta principal y en todas aquellas que sean de paso frecuente. Instale un purificador de aire en todas las habitaciones de la casa. Evite utilizar objetos que levantan y crean polvo, como, por ejemplo, las cajas de pañuelos de papel. Recuerde que las alfombras nuevas sueltan en sus primeros días un polvillo y una pelusa muy incómodos y que deberá aspirar con mayor frecuencia durante un cierto período de tiempo.

Combatir las pulgas. El secreto para eliminar las pulgas consiste en retirarlas con el aspirador cuando se encuentran en estado de huevo, larva o capullo, pues adquieren ya el tamaño de un grano de sal en el primero de los tres estado referidos y la máquina es capaz de aspirarlos con comodidad.

Así pues, aspire a conciencia debajo de las alfombras, por encima de ellas, debajo de las camas y de los muebles y previamente coloque un collar antipulgas en el interior de la bolsa del aspirador. Una buena medida preventiva consiste también en cambiar muy a menudo dicha bolsa, cerrarla herméticamente y tirarla en un lugar seguro, siempre y cuando no esté a su alcance quemarla.

Muebles de mimbre. El trenzado de los filamentos de mimbre es lo que dificulta su limpieza, pues como consecuencia se crea una textura muy accidentada llena de recovecos en los que se acumula el polvo generosamente. El mejor sistema consiste en aspirar toda la suciedad a medida que la levantamos con un cepillo.

Ventiladores de techo. Para trabajar con comodidad, procure colocarse a la misma altura en que esté instalado el ventilador. De lo contrario, la tarea se convierte en algo mucho más pesado de lo que en realidad es y puede incluso conllevar algún tipo de problema de espalda. Coloque una escalera cerca del ventilador, súbase a ella y rocíe una a una las aspas con líquido desengrasante. Retírelo con un trapo y seque las aspas a conciencia. Para su mantenimiento, emplee un plumero y el brazo extensible de la mopa.

SUELOS

El mantenimiento de revestimientos de poliuretano. El poliuretano es uno de los revestimientos de pavimentos más novedoso, que se caracteriza por su larga durabilidad, su resistencia y su dureza. Se aplica directamente encima del material utilizado para revestir el suelo (madera, vinilo, etc) y antes de aplicar el acabado final, que corresponde a la capa superior y que suele tratarse en forma de compuesto acrílico líquido o de cera, líquida o en pasta. Para su mantenimiento, hay que barrer el suelo de modo regular, y además aspirarlo y fregarlo con un limpiador apropiado para suelos que no necesite enjuagarse y no deje residuos. Puede usted emplear cualquier producto del mercado que ofrezca estas características, pero el amoníaco con agua es una de las mezclas más apropiadas y baratas que existen. Lo que no debe hacer nunca es aplicar cera o un producto acrílico, nunca, por lo que hay que vigilar el producto elegido pues a menudo algunos limpiadores de suelos incluyen estos compuestos (cera, acrílico o silicona). Cuando el suelo esté muy estropeado, aplique una nueva capa de poliuretano con la ayuda de una enceradora.

El mantenimiento de revestimientos de barniz. El barniz es el segundo tipo de revestimiento de pavimentos más frecuente. Requiere ser aspirado frecuentemente y repasarlo a menudo con la mopa. No abuse del uso de la cera como acabado final para otorgar brillo al suelo, pues la cera tiende a acumularse en los puntos menos pisados y es muy difícil eliminar el exceso de la misma.

El mantenimiento de suelos de madera. Aspirar y pasar la mopa son los dos ejercicios imprescindibles para obtener un pavimento de madera brillante y limpio. Aun así, en caso de que precise un tratamiento más drástico para eliminar suciedad acumulada y resistente, se puede fregar con agua y unas gotas de amoníaco, vigilando siempre mucho la cantidad de agua que se emplea y procurando trabajar siempre con el mocho muy escurrido. Tenga presente que el agua es el elemento más dañino para los suelos de madera, mucho más que algunos limpiadores fuertes y corrosivos.

La limpieza del vinilo. Es preferible emplear amoníaco diluido con agua antes que vinagre, pues este último desprende un olor mucho más molesto y además pierde prácticamente todas sus propiedades desinfectantes y limpiadoras al mezclarlo con el agua.

Manchas de goma de ruedas. Procúrese un disolvente oleoso y aplíquelo sobre las manchas con la ayuda de un trapo de algodón o de papel absorbente. Si las marcas son resistentes, emplee específicamente un estropajo de dureza media, y si son muy leves pruebe a hacerlas desaparecer con una goma de borrar. Es posible que posteriormente deba usted encerar la zona tratada nuevamente.

Marcas negras de tacón. Posiblemente una simple goma de borrar haga desaparecer las marcas, si no pruebe con un disolvente y a continuación limpie la zona con líquido desengrasante para eliminar cualquier resto de limpiador. Al final, vuelva a encerar la parte tratada.

Cómo encerar un suelo. Primero hay que fregar el suelo a conciencia, a continuación eliminar la capa de cera vieja, en caso de que la hubiera, y finalmente aplicar la cera mediante capas finísimas. Repita hasta tres veces la operación, asegurándose de que en cada ocasión la cera está completamente seca (cuando ya no esté pegajosa). A continuación puede aplicarse opcionalmente un producto sellador que dará mayor brillo y durabilidad al revestimiento. En caso de que desista de utilizar el sellador, el suelo será igualmente resistente gracias a la aplicación final de dos o tres capas de un producto para acabados que esté compuesto por materiales acrílicos líquidos. Aplique también las capas asegurándose de que se ha realizado un secado perfecto.

Cómo tratar los pavimentos encerados. La mejor opción es mezclar agua y amoníaco procurando que la mezcla no sea demasiado fuerte. El amoníaco utilizado en exceso puede convertirse fácilmente en un producto especialmente indicado para pulir suelos y arrancar la cera vieja que se desee reemplazar. Así pues, utilice la medida justa para reblandecer la suciedad, sin reblandecer a la vez el acabado. Puesto que la suciedad apaga con mucha facilidad un suelo encerado, trátelo con mimo, retire el polvo y los restos de suciedad regularmente con una mopa, con el aspirador y/o con el mocho.

Cómo tratar suelos pavimentados con mármol. Lo cierto es que cualquier limpiador puede ser utilizado para el mantenimiento de suelos de mármol. Éstos suelen hacer muy evidentes las marcas de suciedad y suelen rayarse con gran facilidad al ser pisados por tacones altos y puntiagudos. Uno de sus enemigos más feroces son los productos ácidos, como el vinagre, el vino, las bebidas carbonatadas, los cítricos o las frutas. Por ello recomendamos recoger inmediatamente cualquier salpicadura o resto derivado de los productos anteriormente referidos y repasar la mancha con amoníaco diluido en agua.

Suelos de cemento. Hay que barrerlos y aspirarlos profundamente y a continuación frotarlos con un cepillo y amoníaco. Deben ser enjuagados siempre con el mocho o con la

vaporeta (que aligera enormemente la labor). Posteriormente, aconsejamos aplicar de dos a tres capas de sellador y
algún producto acrílico a modo de acabado o un poco de
cera. Existen tintes de poliuretano aptos para pintar el cemento, que le confieren un acabado divertido y luminoso.

**Cuál es el truco esencial para mantener cualquier tipo de
pavimento.** Aspirar, barrer y fregar. Barrer, fregar y aspirar.
Fregar, aspirar y barrer... Combinar siempre las tres accio-
nes, porque lo que realmente destruye un pavimento es la
suciedad que queda atrapada entre la capa del revestimiento
y la capa del acabado, así como el roce y la presión ejercidos
por los zapatos.

Cómo proteger los suelos. La respuesta es simple: emplee
felpudos en cualquier puerta y manténgalos bien barridos y
aspirados.

ALFOMBRAS

Manchas de vino tinto. Actúe inmediatamente absorbiendo
toda la cantidad de líquido que le sea posible mediante toallas o papeles absorbentes. A continuación, si cree que ya ha
impregnado al máximo los paños, humedezca la mancha con
agua sin que quede empapada y vuelva a aplicar más trapos
para que continúen absorbiendo los restos de vino, esta vez
más claro. Levante un poco el pelo de la alfombra con un cepillo de dientes o con el trapo para poder chupar mejor los
restos de vino. Vuelva a echar agua y repita todo el ejercicio
hasta que los restos que retira salgan prácticamente sin color. Vaya aplicando en cada ocasión más peso sobre los tra-

pos para aumentar la presión de absorción. Al final, coloque unos cuantos paños limpios encima de la mancha, cúbralos con unas cuantas hojas de papel de periódico y aplique peso mediante la colocación de unos cuantos libros. Deje actuar toda la noche. Al día siguiente, después de retirar los libros cepille o aspire el área tratada para igualar su textura a la del resto de la alfombra.

Betún. Aspire cualquier resto de betún para evitar restregarlo por la superficie de la alfombra y agrandar la mancha. Disuelva los restos de betún con un disolvente. Humedezca un trapo con dicho disolvente y absorba el betún con el mismo, sin frotar. Repita tantas veces como sea necesario y, al final, cepille la zona tratada con un cepillo de dientes. Por último, aspire toda la alfombra para unificar el pelo.

Sangre. Procure siempre eliminarla cuando la mancha esté todavía húmeda, pues una vez seca resulta mucho más complicado y es difícil dejar de ver una leve sombra de lo que fue. Una vez más, intente absorber tanto líquido como sea posible en fresco mediante toallas o trapos de algodón, evitando restregar para no expandir más la mancha. Aplique unas gotas de agua *fría* para rehumedecerla y vuelva a absorber sin frotar. Una vez haya desaparecido prácticamente la mancha, coloque encima de ella unas cuantas capas de trapos o de papel absorbente, unas cuantas hojas de papel de periódico y unos cuantos libros o cualquier objeto pesado que contribuya a una absorción completa. Si la mancha estuviera un poco seca, en vez de agua aplique unas gotas de amoníaco diluido y prosiga según las instrucciones dadas. Cualquier resto de sangre suele responder positivamente a los efectos limpiadores del peróxido de hidrógeno.

La orina de los animales domésticos. Para eliminarla por completo se precisa gran cantidad de papel absorbente con el que ir retirando el líquido acumulado en la alfombra. Rehumedezca unas cuantas veces la mancha y coloque repetidamente una capa gruesa de papel absorbente sobre ella para asegurar una eliminación total. Se trata de diluir al máximo los restos de orina para evitar que dejen olor y disuadir así al animal de repetir la misma hazaña. Cuando los papeles queden prácticamente secos, aplique unos cuantos directamente sobre la mancha, encima de ellos hojas de papel de periódico y unos cuantos libros pesados que contribuyan a una total absorción. Todo ello debe mantenerse unas 10 o 12 horas como mínimo. En caso de que la orina se hubiera evaporado, es necesario emplear un limpiador con encimas especial para manchas de origen orgánico y para eliminar el olor. Las moléculas de las proteínas contenidas en la solución encimática se alimentan a la vez que destruyen los elementos orgánicos de la mancha (orina, heces, sangre, sudor, comida, grasa, etc.) hasta el punto de quedar sin sustento y de eliminar estos residuos orgánicos por completo.

Las heces de los animales domésticos. Retire todo el elemento sólido o semisólido que le sea posible con una espátula y un cartón. Emplee la espátula para levantar las heces, a modo de recogedor, y el cartón para delimitar los movimientos. Deposite los residuos en hojas de periódico y tírelas al cubo de la basura. A continuación, rocíe la mancha con líquido desengrasante, retire los restos con papel absorbente, frote la zona con un cepillo de dientes y vuelva a absorber la suciedad hasta que haya desaparecido por completo. Finalmente cubra la mancha con trapos de algodón, hojas de papel de periódico y libros pesados (siempre por este orden) y deje transcurrir toda una noche hasta que la absorción se haya realizado completamente. Las manchas residuales y los restos de olor pueden ser tratados con un producto limpiador encimático (ver el número anterior).

Restos de chicle. Si los restos están concentrados en la superficie de la alfombra, enfríelos al máximo poniéndolos en contacto con cubitos hasta que adquieran la consistencia de una piedra. Golpéelos con la parte trasera de una cuchara y recoja los trozos que se hayan desprendido. En caso de estar mezclados y pegados al pelo de la alfombra, impregne un trapo con algún disolvente, frote la mancha y absorba los residuos con el mismo trapo. Intente realizar la limpieza desde el mismo centro del chicle o de los restos para evitar extenderlo más.

Manchas de lejía. Es imposible «limpiar» una mancha de lejía porque lo que este producto hace es comerse el color del soporte, con lo cual la única solución viable es la de intentar recuperar el color perdido tiñendo la zona blanca de nuevo. La estrategia a seguir consiste en elegir un color ligeramente más suave que el que domina en toda la alfombra y procurar aplicarlo mediante toques delicados. A menudo suele ser de gran ayuda aplicar dos o tres colores uno encima del otro para conseguir ese efecto cromático más próximo al original. Debe usted recordar que esta solución es temporal y que posiblemente se deberá ir repitiendo al cabo de un tiempo, porque por efecto de la luz solar estos tintes suelen ir disminuyendo su intensidad.

Quemaduras. La solución se halla en eliminar las puntas quemadas de las fibras de la alfombra. Para ello, puede utilizar un papel de lija o un cúter bien afilado, o, en su defecto, unas tijeras pequeñas. Con la ayuda de unas pinzas, separe y sujete a la vez cada hilo o hebra quemados y corte lo más a ras posible de la zona afectada. Una vez terminada la tarea, si no ha habido ningún percance le quedará una zona con el pelo algo más corto. Pero puede darse el caso de que se haya excedido o de que el área afectada fuera bastante extensa. Para disimular este defecto, procure recortar las zonas colindantes de modo gradual para integrar el área que ha quedado más estropeada. Asimismo, puede intentar recortar algunos hilos o hebras de otras partes más pobladas y repoblar la zona vacía transplantándolos con ayuda de pegamento. Ésta suele ser una solución bastante difícil, por lo que aconsejamos recurrir a un profesional que pueda remendar la zona con un buen zurcido. Su intervención será también indispensable si el fuego ha alcanzado la trama de la alfombra. En dicho caso será necesario poner un parche o buscar una salida efectiva.

Moho. Lo cierto es que es uno de los pocos casos sin solución, ya que una vez el moho se introduce en la trama natural de una alfombra, ésta se va debilitando hasta que se desgarra por completo. Tenga presente que estos parásitos se alimentan de las fibras naturales (algodón, lana, yute, cáñamo, etc), por lo que la única solución es cubrir sus pavimentos con alfombras artificiales (evidentemente, el efecto es muy diferente y hay detractores de materiales artificiales. Se trata, sin lugar a dudas, de una elección muy personal). Para evitar la aparición de moho, pues, instale alfombras de materiales artificiales; en pavimentos porosos, como por ejemplo el cemento, tenga presente que es indispensable que estén perfectamente sellados, de lo contrario chupan la humedad y favorecen la reproducción de hongos; intente paliar el problema instalando un deshumidificador.

VENTANAS

Herramientas indispensables. Para realizar una limpieza de cristales óptima se precisa un enjugador que esté compuesto de un mango pivotable, de una hoja de goma reemplazable cuyo canto esté completamente alisado y de un soporte cambiable y rígido tipo raíl que sujete la hoja de goma. Asimismo, hay que tener a mano un cubo, agua y amoníaco rebajado para emplear como limpiador, unos cuantos trapos de algodón limpios o, en su defecto, papel absorbente, un brazo extensor para alcanzar áreas altas e incómodas, y un cepillo para frotar la suciedad más incrustada en los cristales.

Sombras y rayas: una limpieza imperfecta. Para evitar estos residuos, estas sombras que desmerecen totalmente el trabajo realizado, hay que seguir unas reglas básicas. Empezar repasando el cristal con el enjugador en una zona seca. Ésta se obtiene retirando el agua con el trapo o con la hoja de goma de la herramienta. A su vez, ésta también debe estar completamente seca antes de iniciar el proceso de arrastre. No lave nunca los cristales cuando la luz y el calor del sol incidan directamente sobre ellos, porque de este modo la solución limpiadora se seca antes de haber tenido tiempo suficiente de retirarla (y entonces aparecen las marcas). Aprenda a emplear la medida justa de amoníaco, pues su exceso deja también marcas y restos una vez seco. Por último, asegúrese de que la hoja de goma del enjugador está en perfectas condiciones, que su superficie es completamente lisa y que ningún corte o hendidura trazará una raya en el cristal.

Ventanas inglesas. Para lavar este tipo de cristales seccionados, trabaje como si se tratara de una unidad, es decir, cúbralos con solución amoniacada de una vez y repáselos con el enjugador. Es mucho más rápido que aplicar limpiacristales de uno en uno e ir frotándolos individualmente.

Cuándo es preferible limpiar los cristales a la antigua usanza. Quizá puedan resumirse las excepciones en tres situaciones muy concretas. La primera se da en caso de que la superficie del cristal sea irregular (cristales plomados, vitrales, etc); la segunda cuando se deben retirar únicamente unas cuantas huellas localizadas en un cristal de grandes dimensiones; cuando las medidas del cristal sean menores a las del enjugador más pequeño que ofrece el mercado y no quede más opción que hacerlo a mano.

Manchas de cal. Emplee un producto ácido, un estropajo de dureza media y trapos para enjuagar. Procure descubrir qué ha ocasionado las manchas. Si se trata de un aspersor, procure ajustarlo para no tener que repetir una tarea innecesariamente.

Los marcos de las ventanas. Lávelos junto con el antepecho antes de empezar con los cristales. Ayúdese con un cepillo con el que recoger el polvo, líquido desengrasante y trapos de algodón para retirar la suciedad, y un cepillo de dientes con el que frotar las partes más incómodas (goznes, rincones y esquinas).

Los marcos de aluminio. Utilice un detergente y agua tibia. Aunque el aluminio esté ya un poco picado, evite emplear herramientas agresivas y productos abrasivos, como estropajos de acero, detergente en polvo o estropajos de dureza máxima, porque este material se raya con gran facilidad. Una vez picado, el aluminio es imposible de restaurar, pero si prefiere las rayas a las picaduras, frote los marcos con un estropajo jabonoso de acero, sin olvidar eliminar las pequeñas partículas de acero que pudieran haberse depositado sobre el aluminio y que en contacto con el agua podrían llegar a oxidarlo. Hoy en día, la gran mayoría de los marcos de aluminio llevan una capa protectora de ánodo o de esmalte. En estos casos, sólo se debe emplear agua y detergente para limpiarlos o amoníaco mezclado con agua.

Cómo limpiar los filtros de las ventanas. La forma más rápida, sencilla, cómoda y eficaz es emplear el aspirador. Utilice el accesorio en forma de cepillo y empezando por un lado avance de arriba hacia abajo y al revés, y de derecha a izquierda y en dirección contraria. Al terminar, repita los movimientos ascendentes y descendentes y laterales por el otro lado. Para lavarlos a fondo, mezcle un poco de agua con jabón limpiavajillas y con la ayuda de un cepillo frote una cara y después la otra. Déjelos secar a la intemperie.

ÍNDICE

Introducción 7

1. Trucos básicos para una limpieza
   rápida y provechosa 9

2. Utensilios y materiales indispensables 14

3. La limpieza de la casa en general 28
   La cocina: 28
       Armarios y encimeras 30
       Superficies de cristal 34
       Puertas 35
       Estanterías 36
       El frigorífico 37
       La cocina 40
       Pequeños electrodomésticos 46
       El fregadero 47
       El suelo 48
   El lavabo: 52
       Las paredes de la ducha 53

Las mamparas 55
La bañera 57
El lavabo 59
El inodoro 59
Los espejos 61
Las telarañas 62
Las toallas 63
El botiquín 64
Últimos retoques 65
El suelo 66
El polvo: 68
Los paños y el plumero 71
La sala de estar 73
El comedor 82
El recibidor 84
Los dormitorios 85
Pavimentos 86
Aspirar 96
El lavado y cuidado de las prendas. Manchas difíciles 99
Productos para la limpieza de las manchas 102
Tipos de manchas y cómo combatirlas 108
El lavado y cuidado de las prendas 127
Lana 128
Algodón 129
Lino 130
Seda 131
Tejidos sintéticos 132
El tendido y secado de la colada 139
El planchado 143
Camisas 145
Pantalones 145
Faldas 146

Faldas plisadas 146
Camisetas 146
Paños de cocina 147
Toallas 147
Sábanas 147

4. Limpieza a fondo 149
Ventanas 149
Utilización del enjugador 153
Techos 159
Paredes 164
Suelos y pavimentos 167
Alfombras· 179
El pulido de metales 184

5. Ayuda exterior 187

6. Precauciones y seguridad 193

7. Cómo mantener en orden la casa 203

8. Dudas más frecuentes: 223
La cocina 223
El cuarto de baño 231
Otras habitaciones 236
Suelos 243
Alfombras 247
Ventanas 252

Anthony Avery

IDEAS Y TRUCOS
PARA EL HOGAR

Consejos y soluciones prácticas para la
decoración, el mantenimiento y todos los
problemas que se pueden presentar
en su hogar

*Resuelve todas las cuestiones de la decoración
de tu vivienda, así como los pequeños
problemas e imprevistos que surjan en el hogar.*

- Las mejores soluciones para decorar y
  amueblar todos los espacios de tu vivienda.
- Los estilos que mejor pueden adaptarse
  a tus posibilidades y a tu forma de vida.
- Cómo conservar en perfectas condiciones
  los distintos revestimientos de tu hogar
  (pintura, estucados, pavimentos, parquet...).
- Cómo eliminar las manchas más difíciles
  en superficies generales y en tejidos.

Robert Serre

IDEAS Y
TRUCOS
PARA COMPORTARSE
SOCIALMENTE

Guía práctica de las buenas maneras
y del saber estar en los
tiempos actuales.

*Conoce las claves esenciales para
comportarte con corrección y elegancia
en cualquier situación de la vida social moderna.*

- Cómo cultivar una imagen elegante y distinguida
- Aprender a escoger la indumentaria adecuada
  a cada ocasión.
- Claves para realizar con total corrección
  presentaciones, saludos y despedidas.
- Cuáles son las cualidades del perfecto anfitrión.

Penelope Doy

IDEAS Y
TRUCOS
DE
BELLEZA

Consejos y soluciones prácticas para
estar siempre atractiva.

*Descubre los trucos y consejos necesarios para
ofrecer en todo momento una imagen atractiva.*

- Métodos para elaborar tus propios cosméticos
  a partir de productos naturales.
- Cómo conseguir una piel sana, eliminando
  los problemas de impurezas y arrugas.
- Los mejores sistemas para combatir y evitar
  defectos como las estrías o la celulitis.
- Conocer las ventajas de las diversas clases
  de baños tonificantes.
- Qué tipo de cosmético se adapta mejor a las
  distintas zonas de tu cuerpo.
- Cuidados esenciales para potenciar el atractivo
  de cabellos, manos y senos.

Las mejores ideas para organizar
tanto las más sencillas celebraciones
familiares, como los actos más complejos
como los congresos o ferias.

■ Cómo elegir los lugares, el vestuario y las
fechas adecuadas para cada celebración.
■ Los detalles imprescindibles para lograr
el éxito de cualquier reunión.
■ Qué debemos comer y beber en cada acto.
■ Cómo podemos elegir el regalo adecuado
para cada momento y ocasión.

ISBN: 84-7927-311-9

Los mejores consejos y técnicas para
conseguir o mejorar el empleo.

■ Formas de elaborar un curriculum vitae
efectivo.
■ Cómo crear una nueva imagen para
«venderse» en las entrevistas.
■ Maneras de enfrentarse a los tests y
exámenes de selección.

ISBN: 84-7927-315-1

Soluciones prácticas, consejos y
sugerencias para convertir su casa en un
hogar atractivo y acogedor.

■ Cómo debe distribuirse el espacio para
lograr una perfecta orientación de la luz.
■ Las mejores formas de pintar o empapelar
para conseguir maximizar el espacio.
■ La importancia de la colocación de los
muebles y accesorios.
■ Cómo lograr una decoración acorde
con nuestros gustos y necesidades
personales.
■ Qué suelo conviene más en cada caso y
en cada circunstancia.

ISBN: 84-7927-302-X

Anne Chatelain

IDEAS Y TRUCOS

PARA EDUCAR HIJOS FELICES

Consejos y soluciones prácticas para padres modernos interesados en el bienestar de sus hijos

Aprenda todo lo necesario para conseguir que sus hijos reciban la mejor educación posible en un entorno sano y feliz

- Cómo explicar a un niño la llegada de un nuevo hermanito.
- Qué hacer si su hijo se sigue orinando en la cama.
- Cómo moldear su comportamiento social sin condicionar su personalidad.
- Cómo explicar al niño la muerte de un ser querido.
- Cómo actuar con los hijos en caso de divorcio.

George Fern

IDEAS Y TRUCOS

PARA NEGOCIAR

Estrategias y técnicas para conseguir los mejores acuerdos en todas las circunstancias de la vida diaria

Una compilación de los comportamientos y las actitudes más apropiadas para llevar a cabo los pactos y convenios más ventajosos

- Cómo aprender a llevar las negociaciones.
- Formas sencillas para aprender a elaborar una estrategia con método y seguridad.
- Cómo establecer el momento adecuado para avanzar en la negociación, ceder terreno o exigir contrapartidas.

Michel Gultieri

IDEAS Y TRUCOS

PARA LA COCINA

Consejos y soluciones prácticas para ahorrar tiempo y dinero en la cocina

Un compendio de técnicas, materiales e ingredientes de gran utilidad para facilitar el trabajo en la cocina

- Cómo preparar deliciosos primeros platos con pocos ingredientes.
- Los materiales imprescindibles que jamás deben faltar en una cocina.
- Una selección de las principales frutas y verduras y sus propiedades nutricionales.
- Técnicas para confeccionar menús diarios con un mínimo gasto económico.
- Cómo preparar comidas especiales para imprevistos o invitados ocasionales.

*Una extraordinaria guía práctica
para enriquecer nuestra sexualidad*

- Cuáles son los juegos preliminares más excitantes.
- Descubra el potencial erótico de las principales zonas erógenas.
- Aprenda el valor de la comunicación fuera y dentro de la cama.
- Qué importancia tienen el tacto, el olfato y el gusto en la relación sexual.
- Cómo puede reavivarse la pasión y abandonarse la rutina.

Rachel Copeland

IDEAS Y TRUCOS

PARA
MEJORAR SU VIDA
SEXUAL

*Técnicas y consejos prácticos para
aprender a ser buenos amantes
evitando la monotonía en la pareja*

Anne-Marie Peysson

IDEAS Y TRUCOS

— *PARA* —
BALCONES,
TERRAZAS Y
JARDINES

*Consejos y soluciones para disfrutar de
maravillosas flores y plantas*

*Métodos sencillos y prácticos para lograr plantas y
flores durante todo el año*

- Para aprender a optimizar los sistemas de riego sin gastar agua inútilmente.
- Cómo cultivar flores y plantas verdes para macetas en pequeñas terrazas y balcones.
- Qué incidencia tienen la luz y la ventilación en el crecimiento de cada especie.

Albert Seine

IDEAS Y TRUCOS

— *PARA CONOCER* —
DATOS UTILES

* *Números y fórmulas* *

*Consulte de inmediato todos aquellos
datos de interés necesarios en su vida
personal o profesional*

*Obtenga del modo más rápido, gráfico y directo
un amplio número de informaciones que le serán
de gran utilidad en su vida diaria*

- Cuáles son las principales unidades de medición y sus correspondencias.
- Cómo convertir pies a metros, millas a kilómetros o libras a kilogramos.
- Conozca las principales fórmulas matemáticas aplicables a la vida cotidiana.
- Datos de interés general sobre pesos, temperatura, velocidad y tiempo.

Henry Clark

IDEAS Y
TRUCOS
PARA EL CUIDADO DE
ANIMALES DE
COMPAÑIA
*Guía práctica con todos los consejos
necesarios para el cuidado y
mantenimiento de tus mascotas*

Víctor

*Un compendio de consejos prácticos para
que nuestros animales de compañía crezcan
sanos y felices.*

■ Guía para conocer el aspecto y el carácter
de las principales razas caninas y felinas.
■ Cuáles son las mejores dietas alimenticias
para nuestras mascotas.
■ Consejos útiles sobre la salud y limpieza
de los animales.
■ En qué períodos debe vacunarse a las
mascotas.
■ Cuándo es realmente necesario acudir al
veterinario.

J. Blaschke y P. Palao Pons

IDEAS Y
TRUCOS
PARA
ESTUDIAR Y SUPERAR
EXAMENES
*Conozca las estrategias más útiles para
tener éxito en los estudios*

Víctor

*Domina todos los recursos necesarios para
mejorar tus técnicas de estudio y afrontar
exámenes con éxito.*

■ Conocer el proceso y funcionamiento del
cerebro.
■ Ejercicios físicos y mentales para desarrollar
las facultades de la mente.
■ Métodos de preparación al acto de estudio:
alimentación, masajes, relajación...

Marianne Lewis

IDEAS Y
TRUCOS
PARA
LA FUTURA MAMA
*Consejos útiles para conocer los
secretos de tu embarazo y poder
disfrutar plenamente de tu maternidad*

Víctor

*Resuelve todas las dudas sobre tu embarazo
para hacer de esta etapa una de las más
felices de tu vida.*

■ Conoce los cambios que experimenta tu
cuerpo durante el embarazo.
■ La alimentación y la medicación adecuadas para prevenir posibles complicaciones.
■ Cuáles son las ventajas e inconvenientes
de las pruebas médicas: ecografías,
amniocentesis, etc.
■ Cómo afrontar el gran momento del
parto.
■ Problemas que pueden surgir después
del nacimiento.

Una guía de inestimable ayuda para el viajero que desea dominar todos los aspectos de los preparativos, el desarrollo y la conclusión del viaje.

- ▨ Cómo conocer el destino y la forma de viajar que más se adapta a nuestra personalidad.
- ▨ Las mejores técnicas para preparar el equipaje para que no nos sobre ni nos falte nada.
- ▨ Todos los preparativos como las vacunaciones, el botiquín, los seguros, etc.
- ▨ Los planos y las guías imprescindibles.

Un manual imprescindible de las técnicas y estrategias para llegar a ser la secretaria perfecta.

- ▨ Conocer los instrumentos necesarios para su trabajo.
- ▨ Estrategias para atender el teléfono y filtrar llamadas importantes.
- ▨ Cómo organizar el archivo y clasificar la correspondencia.

El mejor sistema para adelgazar con las dietas y consejos más útiles y eficaces.

- ▨ Qué criterios deben seguirse a la hora de escoger una dieta.
- ▨ Conocer las principales dietas de adelgazamiento.
- ▨ Estrategias para reducir el consumo de grasas, tanto en la cocina como cuando se debe comer fuera de casa.
- ▨ Cuáles son los alimentos más aconsejables para una nutrición sana y equilibrada.
- ▨ Cómo distinguir los productos adelgazantes, nocivos para la salud.
- ▨ Combatir problemas como la celulitis, el colesterol, la anorexia o la bulimia.